Z-KAI

かっこいい小学生になろう

Z会グレードアップ問題集
全科テスト

国語　算数　さきどり理科　さきどり社会

小学
1年

はじめに

Z会は「考える力」を大切にします。

『Z会グレードアップ問題集　全科テスト』は，教科書レベルの問題では物足りないと感じている方・難しい問題にチャレンジしたい方を対象とした学習到達度を確認するテストです。発展的・応用的な問題を中心に，当該学年の各教科の重要事項をしっかり確認できるよう内容を厳選しています。少ない問題で最大の効果を発揮できるように，通信教育における長年の経験をもとに“良問”をセレクトしました。単純な知識・技能の習得レベルを確認するのではなく，本当の意味での「考える力」が身についているかどうかを確認するテストです。

特徴 1

総合的な読解力・情報整理力・思考力・計算力・表現力の定着を確認できる問題構成。

特徴 2

発展的・応用的な問題を多く掲載。重要単元をしっかり学習できる，算数・国語。

特徴 3

3年生に向けて興味・関心を広げる，理科・社会のクイズ。

特徴 4

お子さまを的確にサポートできる，別冊『解答・解説』付き。

もくじ

※「こくご」は冊子の後ろ側から始まります。

保護者の方へ

本書は，『Z会グレードアップ問題集』シリーズに取り組んでいない場合でも，実力診断としてお使いいただくことができます。

別冊『解答・解説』16ページに，各教科の単元一覧を掲載していますので，テスト前の確認やテスト後の復習の際にご参照ください。また，『Z会グレードアップ問題集』(別売り)と一緒にお使いいただくと，教科，単元別により多くの問題に取り組むことができて効果的です。

この 本《ほん》の つかいかた

❶ この 本《ほん》は ぜんぶで 14かい あります。
すきな かもくの 1から じゅんばんに とりくみましょう。

❷ 1かいぶんが おわったら，おうちの人《ひと》に ○を つけて
もらいましょう。

❸ ○を つけて もらったら，下《した》の 「がくしゅうの きろく」に，
とりくんだ日《ひ》と とくてんを かきましょう。

❹ とくてんの 右《みぎ》に ある めもりに，とくてんの ぶんだけ
すきな いろを ぬりましょう。

		10	20	30	40	50	60	70	80	90	100
（れい）	85 てん	1	2	3	4	5	6	7	8	9	

がくしゅうの きろく

	とりくんだ日	とくてん	10	20	30	40	50	60	70	80	90	100
さんすう1	月 日	てん	1	2	3	4	5	6	7	8	9	
さんすう2	月 日	てん	1	2	3	4	5	6	7	8	9	
さんすう3	月 日	てん	1	2	3	4	5	6	7	8	9	
さんすう4	月 日	てん	1	2	3	4	5	6	7	8	9	
さんすう5	月 日	てん	1	2	3	4	5	6	7	8	9	
こくご1	月 日	てん	1	2	3	4	5	6	7	8	9	
こくご2	月 日	てん	1	2	3	4	5	6	7	8	9	
こくご3	月 日	てん	1	2	3	4	5	6	7	8	9	
こくご4	月 日	てん	1	2	3	4	5	6	7	8	9	
こくご5	月 日	てん	1	2	3	4	5	6	7	8	9	
りかクイズ1	月 日											
りかクイズ2	月 日											
しゃかいクイズ1	月 日											
しゃかいクイズ2	月 日											

りかクイズに とりくんだら
に かおを かきましょう。

しゃかいクイズに とりくんだら
に かおを かきましょう。

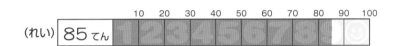

さんすう

1 かくにん　テスト

学習日　　月　　日　得点　　／100点

1　けいさんを　しましょう。（１つ４点）

① 5 ＋ 9

② 9 ＋ 7

③ 15 − 8

④ 17 − 9

2　けいさんを　しましょう。（１つ５点）

① 5 ＋ 4 ＋ 7

② 8 − 5 ＋ 8

③ 10 ＋ 7 − 8

④ 7 − 4 ＋ 6 ＋ 10

3　1から　9までの　かずを　ます目《め》に　かきました。□に　あてはまる　かずを　かきましょう。（□1つ4点）

	6	8	7	
左《ひだり》	3	2	5	右《みぎ》
	4	9	1	

① 3は　上《うえ》から　□　だん目《め》に　あります。

② いちばん　大《おお》きい　かずは　上《うえ》から　□　だん目《め》の　左《ひだり》から　□　れつ目《め》に　あります。

③ □　は　上《うえ》から　1だん目《め》の　左《ひだり》から　3れつ目《め》に　あります。

④ 上《うえ》から　3だん目《め》の　左《ひだり》から　1れつ目《め》の　かずと，上《うえ》から　2だん目《め》の　左《ひだり》から　3れつ目《め》の　かずを　あわせると　□　に　なります。

4 □に ある いろいたを ぜんぶ くみあわせて かたちを つくります。つくれない かたちは どれでしょう。(あ)〜(え)から 1つ えらんで かきましょう。(20点)

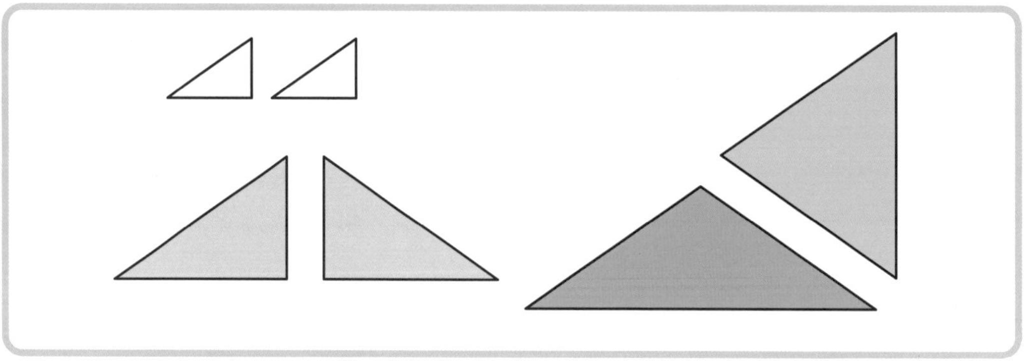

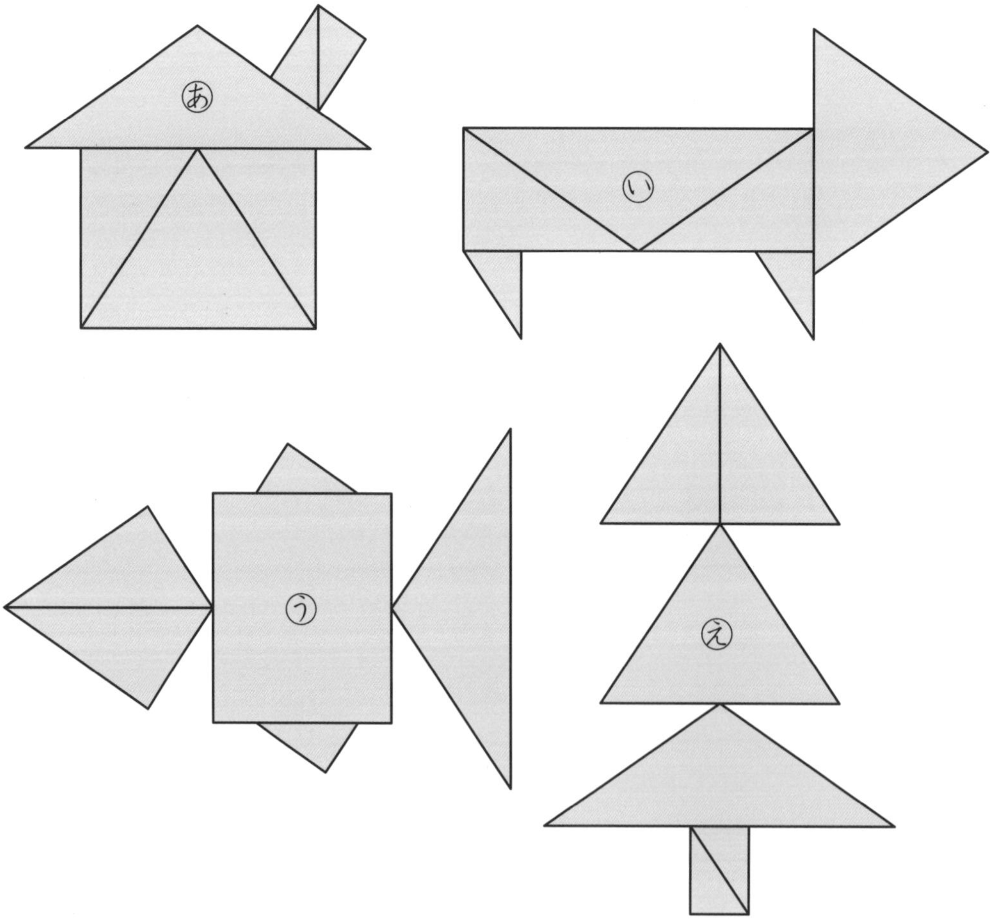

5　ちゅうりんじょうに　じてん車《しゃ》が　4だい，オートバイが
6だい　とまって　います。どちらが　なんだい　おおいでしょう。
（式6点，答え6点）

しき

こたえ

6　こうえんに　スズメが　4わ，ハトが　5わ　います。
スズメが　2わ　こうえんの　そとに　とんで　いきました。
こうえんに　いる　スズメと　ハトは　あわせて　なんわに
なったでしょう。（式6点，答え6点）

しき

こたえ

さんすう

2 かくにん　テスト

学習日　月　日　得点　／100点

1　△で　つながって　いる　3つの　かずを　あわせて　14を　つくります。あいて　いる　○に　あてはまる　かずを　かきましょう。(○1つ4点)

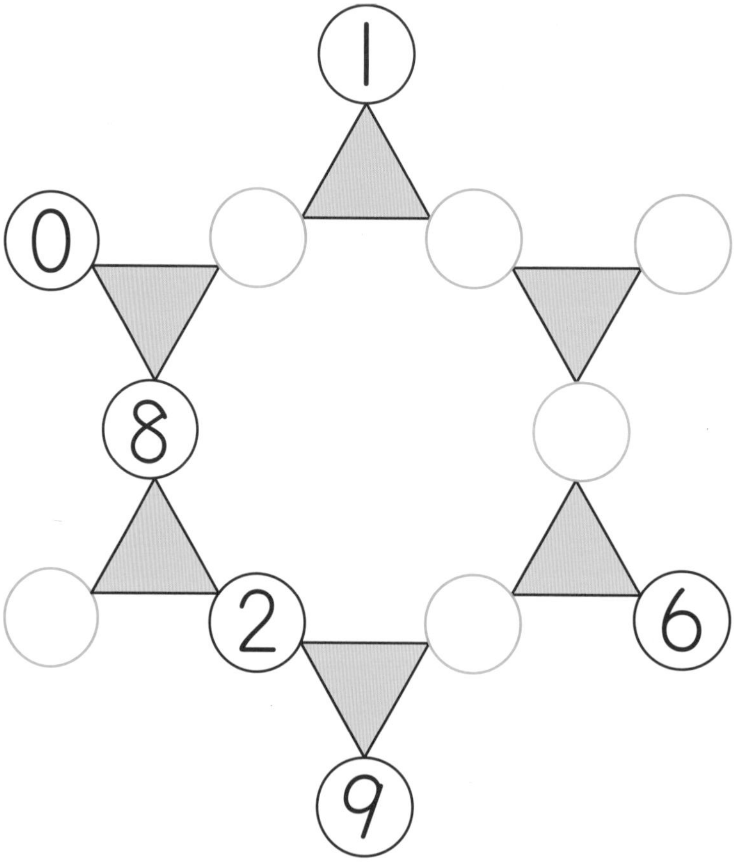

2　水《すい》そうに　メダカが　10ぴき，金《きん》ぎょが　8ひき　います。
金《きん》ぎょを　4ひき　水《すい》そうに　入《い》れました。水《すい》そうの　金《きん》ぎょは
なんびきに　なったでしょう。（式5点，答え5点）

しき

こたえ

3　せんべいが　14まいと　クッキーが　6まい　あります。
こうじさんは　おやつに　せんべいを　5まい　たべました。
せんべいは　なんまい　のこって　いるでしょう。
（式6点，答え6点）

しき

こたえ

4　おなじ　なかまの　かたちの　かずを　かぞえて，すう字《じ》で こたえましょう。（□１つ５点）

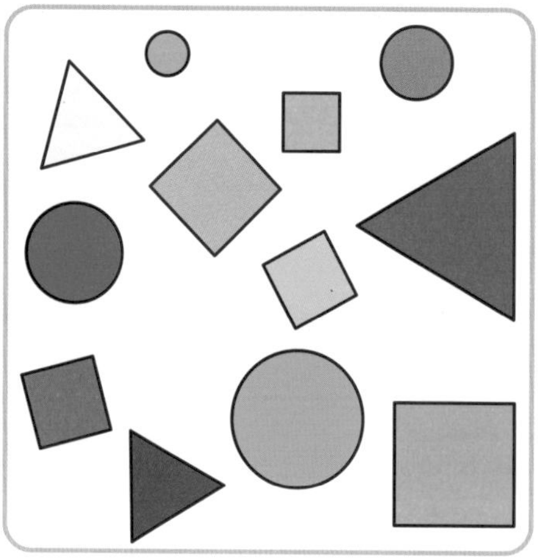

○の　なかま　□　こ

△の　なかま　□　こ

□の　なかま　□　こ

5　かたちと　上《うえ》から　見《み》た　ようすを　せんで　むすびましょう。

（１つ５点）

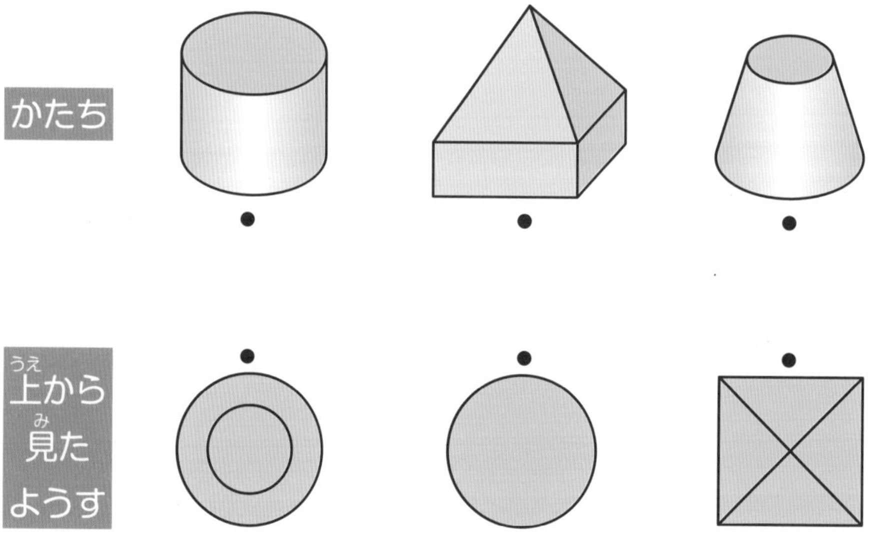

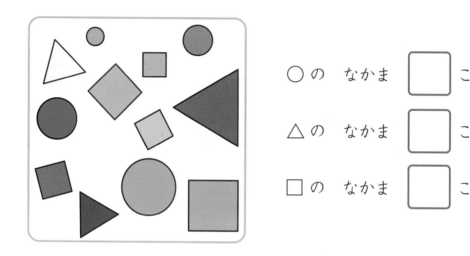

6 みはるさんの 日《にっ》きを よんで，下《した》の もんだいに こたえましょう。(式６点，答え６点)

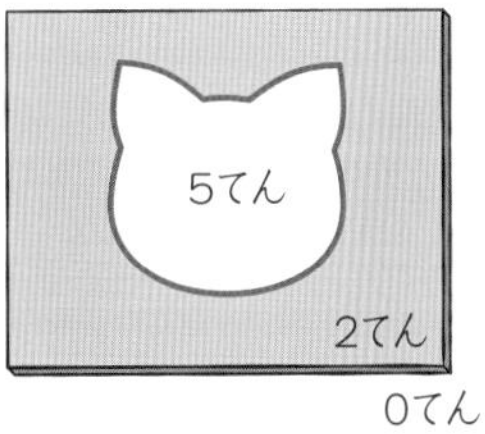

8月《がつ》11日《にち》 火《か》よう日《び》 あめ

ひろきさんと まとあてゲームを しました。

わたしが つくった まとに ３かいずつ ボールを なげました。

ボールが ねこの えに あたると とくてんは ５てん，ねこの えの そとに あたると ２てん，いたに あたらなければ ０てんです。

ひろきさんは １かい目《め》に ２てん，２かい目《め》に ５てん，３かい目《め》に ２てんを とりました。

わたしは １かい目《め》に ５てん，２かい目《め》に ０てん，３かい目《め》に ５てんを とりました。

たのしかったです。

① ひろきさんの とくてんは あわせて なんてんだったでしょう。

しき

こたえ

② みはるさんの とくてんは あわせて なんてんだったでしょう。

しき

こたえ

さんすう

3　かくにん　テスト

学習日　　月　　日　　得点　　／100点

1　正《ただ》しい　しきに　なるように，□に　＋か　－を　かきましょう。

（1つ6点）

① 7□3 ＝ 10

② 17□8 ＝ 9

③ 3□4□8 ＝ 15

④ 14□5□8 ＝ 17

2　おなじ　えの　ところには，おなじ　かずが　入《はい》ります。□に　あてはまる　かずを　かきましょう。（□1つ5点）

 は □ で， は □ です。

3　7この　ケーキを　1こずつ　さらの　上《うえ》に　のせて　いきました。ケーキを　のせて　いない　さらが　4まい　あります。さらは　ぜんぶで　なんまい　あるでしょう。

（式6点，答え6点）

しき

こたえ

4　12この　ふうせんが　あります。9本《ほん》の　リボンを　1本《ぽん》ずつ　ふうせんに　つけて　いきました。リボンを　つけられなかった　ふうせんは　なんこでしょう。（式6点，答え6点）

しき

こたえ

5　ます目《め》の　たてと　よこは　おなじ　ながさです。ながい　ほうの　(　)に　○《まる》を　かきましょう。(1つ6点)

①
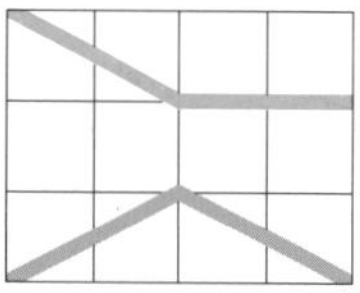
(　　　)
(　　　)

②
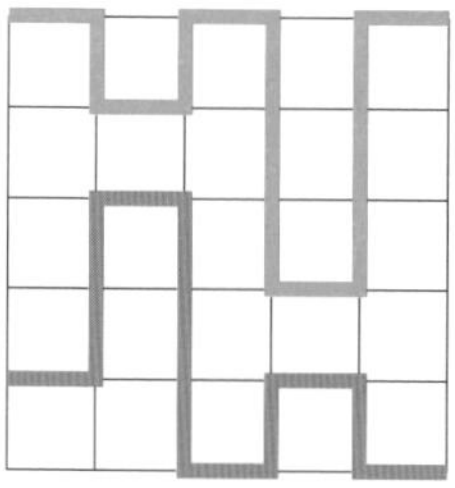
(　　　)
(　　　)

6　れいぞうこに　むぎちゃと　りんごジュースが　おなじだけ　あります。むぎちゃを　ゆうきさんの　コップに　1ぱい　入《い》れると，むぎちゃが　あまりました。りんごジュースを　ふみさんの　コップに　1ぱい　入《い》れると，りんごジュースが　あまりました。

むぎちゃ

りんごジュース

あまった　りんごジュースの　ほうが，あまった　むぎちゃよりも　おおいです。のみものが　おおく　入《はい》る　ほうの　(　)に　○《まる》を　かきましょう。(6点)

(　　　)

(　　　)

7 花《か》だんに　チューリップと　パンジーが　さいて　います。
チューリップは　7本《ほん》　さいて　います。パンジーは
チューリップより　9本《ほん》　おおく　さいて　います。パンジーは
なん本《ぼん》　さいて　いるでしょう。（式6点，答え6点）

しき

こたえ

8 しんごうを　まって　いる　あいだに　とおる　車《くるま》と　バイクの
だいすうを　かぞえます。車《くるま》は　15だいでした。バイクは
車《くるま》より　9だい　すくなかったそうです。バイクは　なんだい
とおったでしょう。（式6点，答え6点）

しき

こたえ

さんすう

4 かくにん テスト

学習日　月　日　得点　／100点

1 けいさんを しましょう。(1 つ 3 点)

① 20 + 70

② 80 − 60

③ 36 + 3

④ 98 + 2

⑤ 58 − 20

2 こたえが おなじに なる ものどうしを せんで むすびましょう。(1 つ 3 点)

131 − 31 ・	・ 30 + 27 − 3
63 − 8 + 5 ・	・ 100 − 40
30 + 74 − 50 ・	・ 96 − 0 + 4

3　だいにんきの　アイスクリームを　かうために　17人《にん》が
1れつに　ならんで　います。ゆうさんは　まえから　6ばん目《め》で，
ともやさんは　うしろから　4ばん目《め》です。下《した》の　もんだいに
こたえましょう。

① ゆうさんの　うしろには　なん人《にん》　いるでしょう。
（式4点，答え4点）

しき

こたえ

② ともやさんの　まえには　なん人《にん》　いるでしょう。
（式4点，答え4点）

しき

こたえ

③ ゆうさんの　まえに　いた人《ひと》が　アイスクリームを　かって
いき，ゆうさんが　いちばん　まえに　なりました。その
あいだに　れつの　うしろに　3人《にん》　ならびました。ゆうさんが
いちばん　まえに　なったとき，ならんで　いる　人《ひと》は
ぜんぶで　なん人《にん》でしょう。（式5点，答え5点）

しき

こたえ

4 かべに　そって　つみ木《き》を　つみました。つかった　つみ木《き》の　かずを　かきましょう。（１つ７点）

①

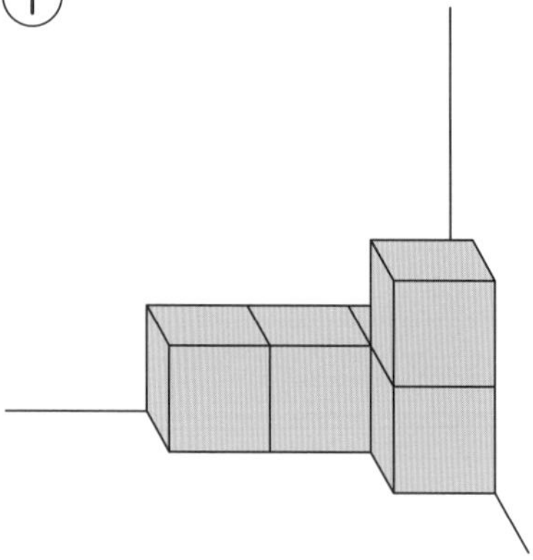

こ

②

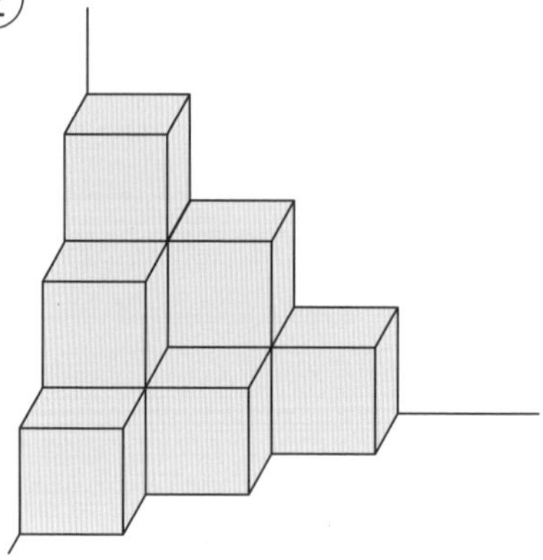

こ

③

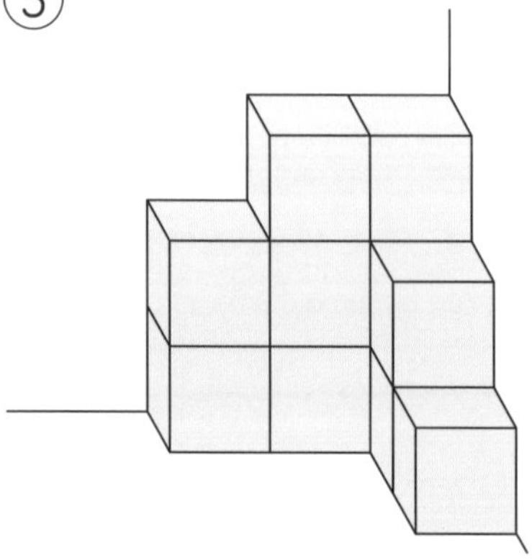

こ

④

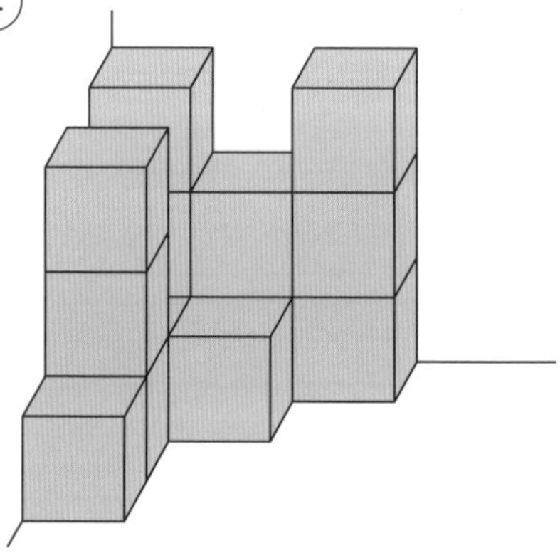

こ

5 としょかんで　みほさんと　たけるさんが　はなして　います。

みほ

左《ひだり》の　本《ほん》だなに　本《ほん》が　15さつ　あるよ。
そのうち　8さつは　ずかんで，のこりは
ものがたりの　本《ほん》だわ。

たける

右《みぎ》の　本《ほん》だなには　本《ほん》が　3さつ　あるよ。
ぜんぶ　ずかんだね。

① 左《ひだり》の　本《ほん》だなには　ものがたりの　本《ほん》が　なんさつ
あるでしょう。（式3点，答え3点）

しき

こたえ

② 左《ひだり》の　本《ほん》だなと　右《みぎ》の　本《ほん》だなに　ある　本《ほん》は　ぜんぶで
なんさつでしょう。（式4点，答え4点）

しき

こたえ

③ 左《ひだり》の　本《ほん》だなと　右《みぎ》の　本《ほん》だなに　ある　ずかんは
あわせて　なんさつでしょう。（式4点，答え4点）

しき

こたえ

さんすう

5 かくにん　テスト

学習日　　月　　日　得点　　／100点

1　ならびかたの　きまりを　かんがえて，□に　あてはまる　かずを　かきましょう。（□１つ２点）

①　１　３　５　□　９　11　13

②　100　90　80　□　60　50

③　150　□　140　135　□

④　□　17　27　37　□　57

2　□に　あてはまる　かずを　かきましょう。（１つ５点）

①

2	4	6	8	10	12
１ばん目《め》	２ばん目《め》	３ばん目《め》	４ばん目《め》	５ばん目《め》	６ばん目《め》

この　きまりで　かずを　ならべると，10ばん目《め》の　かずは

□です。

②

7	5	3	7	5	3
１ばん目《め》	２ばん目《め》	３ばん目《め》	４ばん目《め》	５ばん目《め》	６ばん目《め》

この　きまりで　かずを　ならべると，10ばん目《め》の　かずは

□です。

おうちのかたといっしょにおよみください

Z-KAI

Z会プログラミングシリーズ

多彩なラインナップ

自宅でできて安心・安全通信教育

初心者にやさしい

小学生・中学生向け

プログラミングの技術は日進月歩。
「いま役に立つ技術」はこの先、未来の社会でも
役に立つものかどうかわかりません。

だからこそ、Z会プログラミングシリーズでは、
プログラミングの技術そのものを学ぶだけではなく、
その経験をとおして、知識を活用することを重視します。

プログラミングをベースとした学びにより、
子どもたちが将来、どんな状況や環境にあっても、
柔軟に対応できる力を育てていきます。

充実の講座ラインナップは中面で

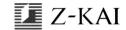

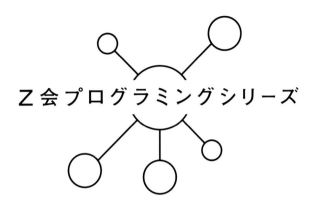

講座ラインナップ

Z会プログラミングはじめてみる講座

3カ月講座

1カ月あたりの受講料 1,980円（税込）

推奨学年 小1～小3

プログラミングに ふれる・慣れる　プログラミングで 遊ぶ・楽しむ

「プログラミングってどんなもの？」「ちょっと試してみたい」そんな声にお応えして開講した**3カ月間の短期講座。**
多くの小学校で導入されている「Scratch《スクラッチ》」アプリを使い、初めてのお子さまでも一人で気軽に始められる教材、おためし感覚で手軽に受講できる価格、そしてどんどん夢中になってプログラミングの楽しさを体感できるカリキュラムを実現しました。**パソコンまたはタブレットがあればすぐにスタート**できます。

※教材・画面の内容は変わる可能性があります。

お子さま一人でも、または保護者の方もご一緒に
プログラミングの楽しさを実感できる！

＼詳しくは／

この講座でできること

- 「プログラミングってこういうものなんだ！」と体感できます。
- 抵抗感なく、プログラミングをごく自然に扱えるようになります。
- プログラミングできる楽しさを知り、自信と意欲につながります。

こんな方におすすめ

- 小1～小3のお子さま
- プログラミング学習を始めるべきか迷っている
- お子さまが興味をもってくれるかわからない
- お子さまが一人でできるか心配
- あまり費用をかけずに手軽に始めたい

Z会プログラミング講座 みらい
with ソニー・グローバルエデュケーション

推奨学年　小1～小4　［スタンダード1］

今も将来にも役立つ 一生ものの力を養います

Z会とソニー・グローバルエデュケーションが協業。オリジナルテキストとロボット・プログラミング学習キット「KOOV®《クーブ》」で学び、小学生に必要なプログラミングの力をしっかりと身につけながら、プログラミングと学校で学んだ知識を使ってさまざまな課題解決に挑戦します。

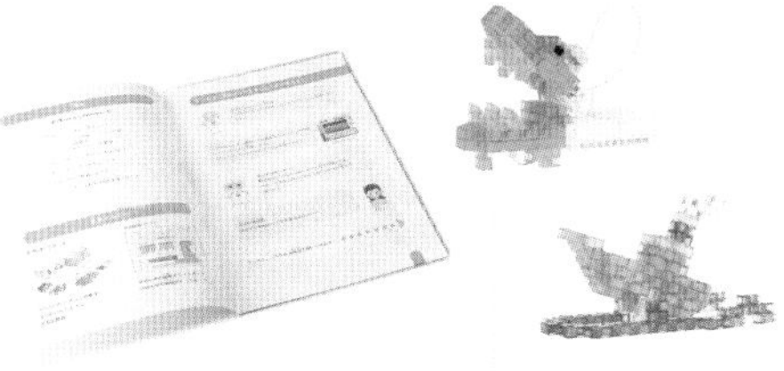

※修了後、スタンダード2(小2～小5推奨)、スタンダード3(小3～小6推奨)のご用意もございます。

Z会プログラミング講座
with LEGO® Education

推奨学年　小2～小5　［SPIKE™ベーシック編］

推奨学年　小3～小6　［標準編］

工学的なモノづくりに 役立つ力を育みます

Z会の学習ノウハウとレゴ社のロボット教材を融合し、プログラミングスキルだけでなくモノを動かす仕組みも習得。レゴ®ブロックによる精緻なロボットの組み立てをとおして、工学につながる知識や感覚も養います。

［SPIKE™ベーシック編］

Z会プログラミング講座 with Scratch

推奨学年　小1～小6　※小学1・2年生のお子さまは、保護者の方といっしょに取り組むことをおすすめします。

自宅で気軽にゲームやアニメーションをプログラム！

「Scratch《スクラッチ》」というツールを使い、物語・ゲーム・アニメーションなどを画面上で自由につくり、創造性と課題発見・解決力を養います。

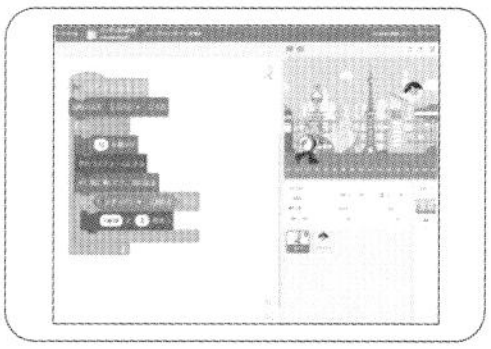

Z会プログラミング中学技術活用力講座

3カ月
講座

推奨学年 小学校高学年～中3　［教科実践編］

3カ月の差が、将来の大きなアドバンテージに

Z会とソニー・グローバルエデュケーションが協業し、Z会オリジナルテキストとバーチャル空間でのプログラミングを融合。「知識+実践」という構成で、コンピュータや情報ネットワークの仕組み、リテラシーなど、今、学んでおくべきことをしっかりと身につけることができます。これからの時代に誰にとっても必要となる情報活用能力を身につけられる、今までにない新しい学びをお届けします。

中学で身につけるべき
技術情報分野を徹底網羅

Z会オリジナルテキスト
『技術活用力ワーク』

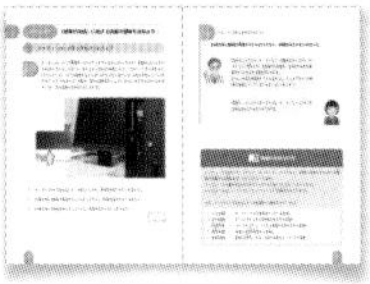

×

操作は簡単
できることは無限大

プログラミングアプリ
「VIRTUAL《バーチャル》 KOOV《クーブ》®」

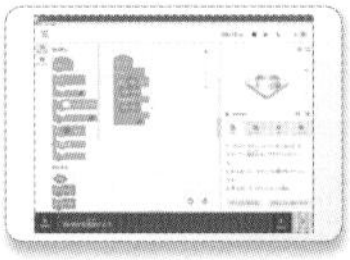

※「VIRTUAL KOOV®」はWindows、Mac、iPadに対応しています。

＼まずはお気軽に／

— 無料 —

資料をご請求ください

プログラミング学習を始めるなら、好奇心いっぱいで物事に挑戦できる、小学校の早い段階からがおすすめです。

「国語や算数さえやっておけば」「まだ様子見でいいかな…」「毎日なにかと忙しくて…」と保護者の方が先延ばしにしてしまうことは、お子さまの可能性の芽をつんでしまうことになるかもしれません。Z会プログラミングシリーズは、自宅で、楽しく手軽に取り組める講座です。ぜひこの機会にご入会をご検討ください！

※デザイン・仕様は変更する場合があります。

請求は
Web
から

Z会　プログラミングシリーズ　検索

https://www.zkai.co.jp/z-programming/

お申し込みもWebからできます！

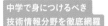

3 まひろさんは　どうぶつえんに　きました。入《い》り口《ぐち》から
スタートして　どうぶつを　見《み》に　いきます。下《した》の　ちずを　見《み》て
□に　あてはまる　どうぶつの　名《な》まえを　かきましょう。

（① 10 点，② 15 点）

ちずの　見《み》かた

スタートして　1つ目《め》の　こうさてんで　右《みぎ》に　まがって，
そこから　4つ目《め》の　こうさてんで　左《ひだり》に　まがると
クマが　います。

① スタートして　3つ目《め》の　こうさてんで　左《ひだり》に　まがって，
そこから　1つ目《め》の　こうさてんで　右《みぎ》に　まがると

が　います。

② スタートして　2つ目《め》の　こうさてんで　右《みぎ》に　まがって，
そこから　3つ目《め》の　こうさてんで　左《ひだり》に　まがって，そこから
1つ目《め》の　こうさてんでも　左《ひだり》に　まがると

が　います。

4 しかくい とうふを ------- の ところで きります。
きった あと とうふは それぞれ なんこに
わけられるでしょう。(1つ5点)

① 2かい きる ② 3かい きる ③ 3かい きる

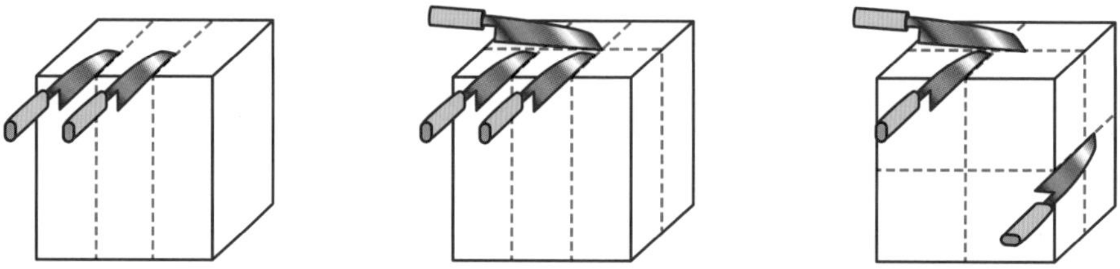

□こ □こ □こ

5 かたちを ------- の ところで きります。きりかたと
きり口《くち》を せんで むすびましょう。(1つ3点)

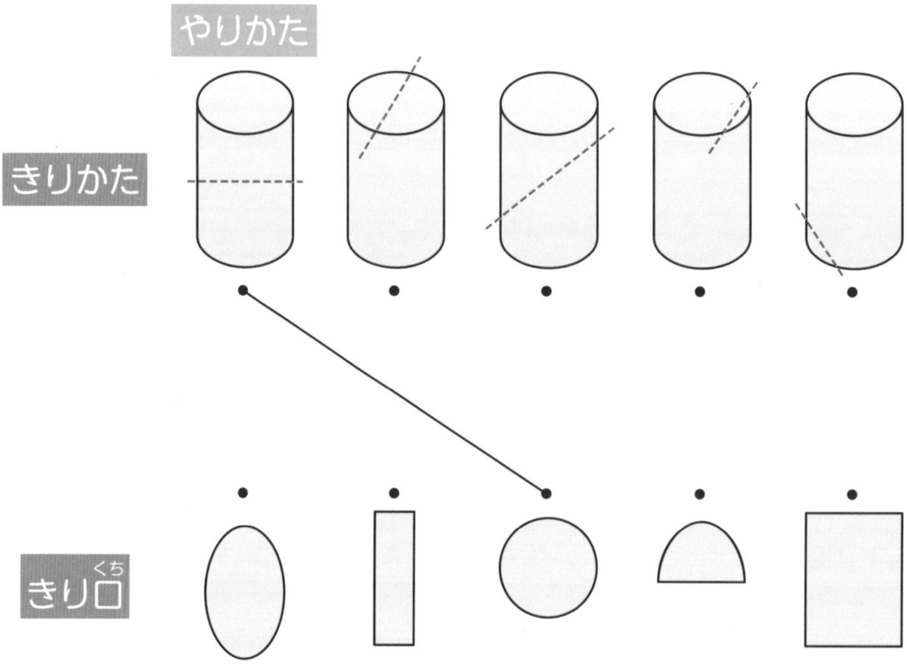

6　おはなしを　よんで，あとの　もんだいに　こたえましょう。

　あやこさんは　おかあさんと　りょうりきょうしつに　いきました。おとな　7人《にん》と　こども　9人《にん》が　あつまりました。みんなで　プリンを　つくります。

　プリンを　つくるために　ぎゅうにゅう　2本《ほん》と　たまご　12こと　さとうを　じゅんび　しました。おかしづくりが　じょうずな　あやこさんの　おかあさんは「たまごを　たくさん　つかうほうが　もっと　おいしく　できるよ。」と　みんなに　いいました。みんな　さんせいしたので　たまごを　4こ　たして　プリンを　つくる　ことに　なりました。

　ぎゅうにゅうと　たまごと　さとうを　まぜて　カップに　入《い》れます。れいぞうこで　ひやして　かためると　おいしい　プリンの　できあがり。

　1人《ひとり》　1こずつ　プリンを　くばると　プリンが　3こ　のこりました。のこった　3こは　じゃんけん大《たい》かいで　かった　3人《にん》の　しょうひんに　することに　しました。あやこさんは　じゃんけん大《たい》かいで　かって　おいしい　プリンを　2こ　たべる　ことが　できました。

①　プリンを　つくるのに　つかった　たまごは　なんこだったでしょう。（式6点，答え6点）

しき

こたえ

②　できた　プリンは　ぜんぶで　なんこだったでしょう。（式7点，答え7点）

しき

こたえ

りか

1 りか　クイズ

学習日　　月　　日

1　ホウセンカが　そだつ　じゅんばんに　なるように，すべての　えを　とおって　**スタート**から　**ゴール**まで　いきましょう。おなじ　みちは　2かい　とおれません。

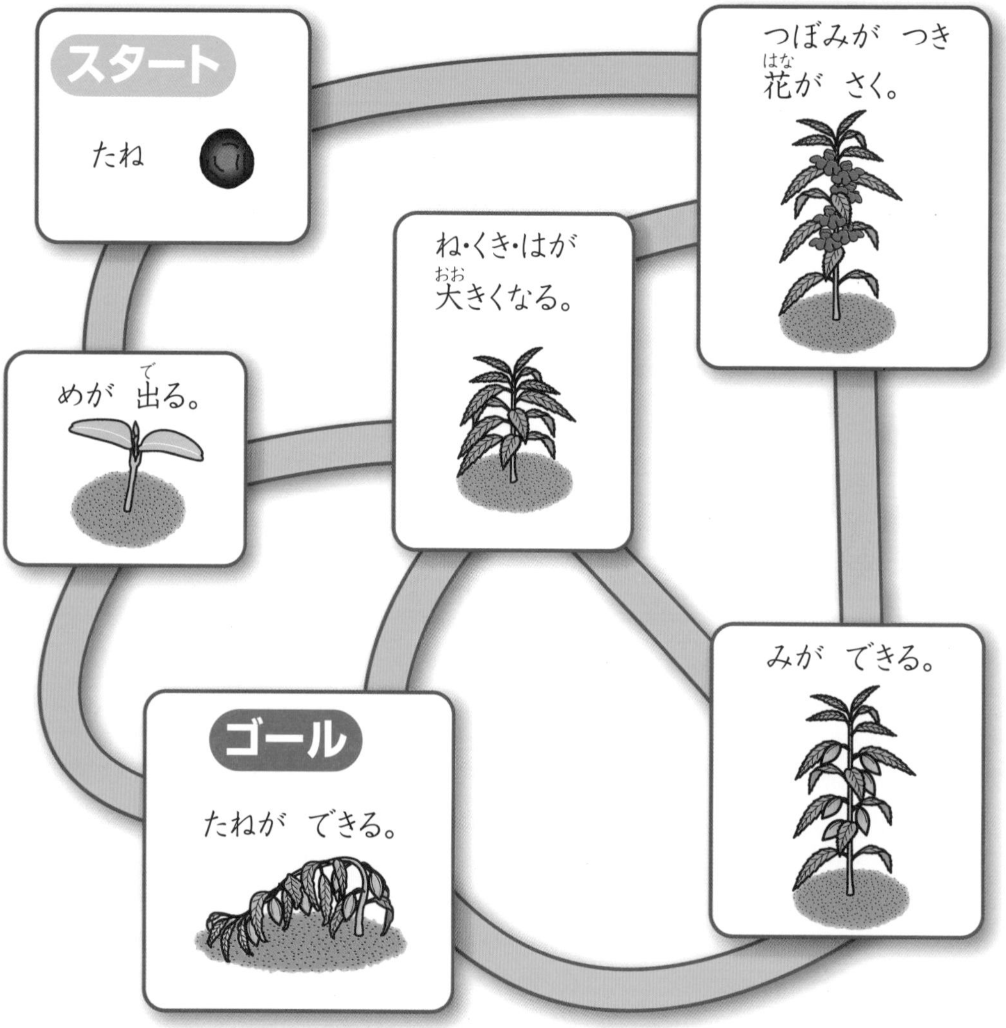
スタート
たね
めが　出《で》る。
ね・くき・はが
大《おお》きくなる。
つぼみが　つき
花《はな》が　さく。
みが　できる。
ゴール
たねが　できる。

2 夕《ゆう》ごはんの　ざいりょうを　見《み》ながら　まなみさんと　けいじさんが　はなして　います。どの　ざいりょうに　ついて　はなして　いますか。①～③の　それぞれに　ついて　あてはまる　ものを　1つ　えらんで，□に　○を　かきましょう。

①

やさいの
なかまだね。

ねを　たべるよ。

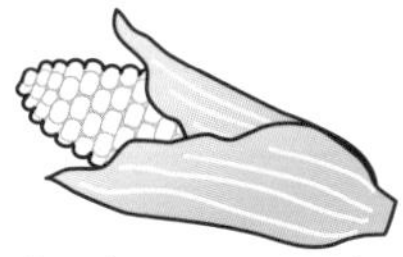

トウモロコシ　□

ネギ　□

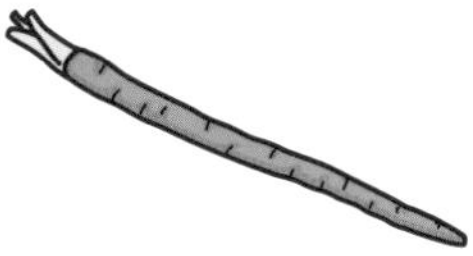

ゴボウ　□

②

これは　やさいではなく，
くだものの　なかまだね。

みを
たべるよ。

カボチャ　□

トマト　□

ミカン　□

③

これは
しょくぶつの
なかまでは
ないんだ。

ほかの　生《い》きものから
ようぶんを　もらって
生《い》きているんだって。

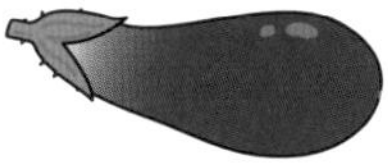

ナス　□

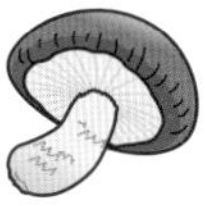

シイタケ　□

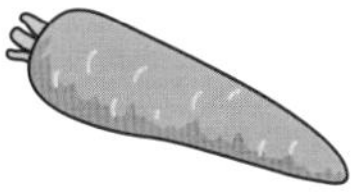

ニンジン　□

3　子《こ》ウサギが　まいごに　なって　います。ウサギの
とくちょうを　えらんで　おやウサギが　いる　**ゴール**まで
いきましょう。

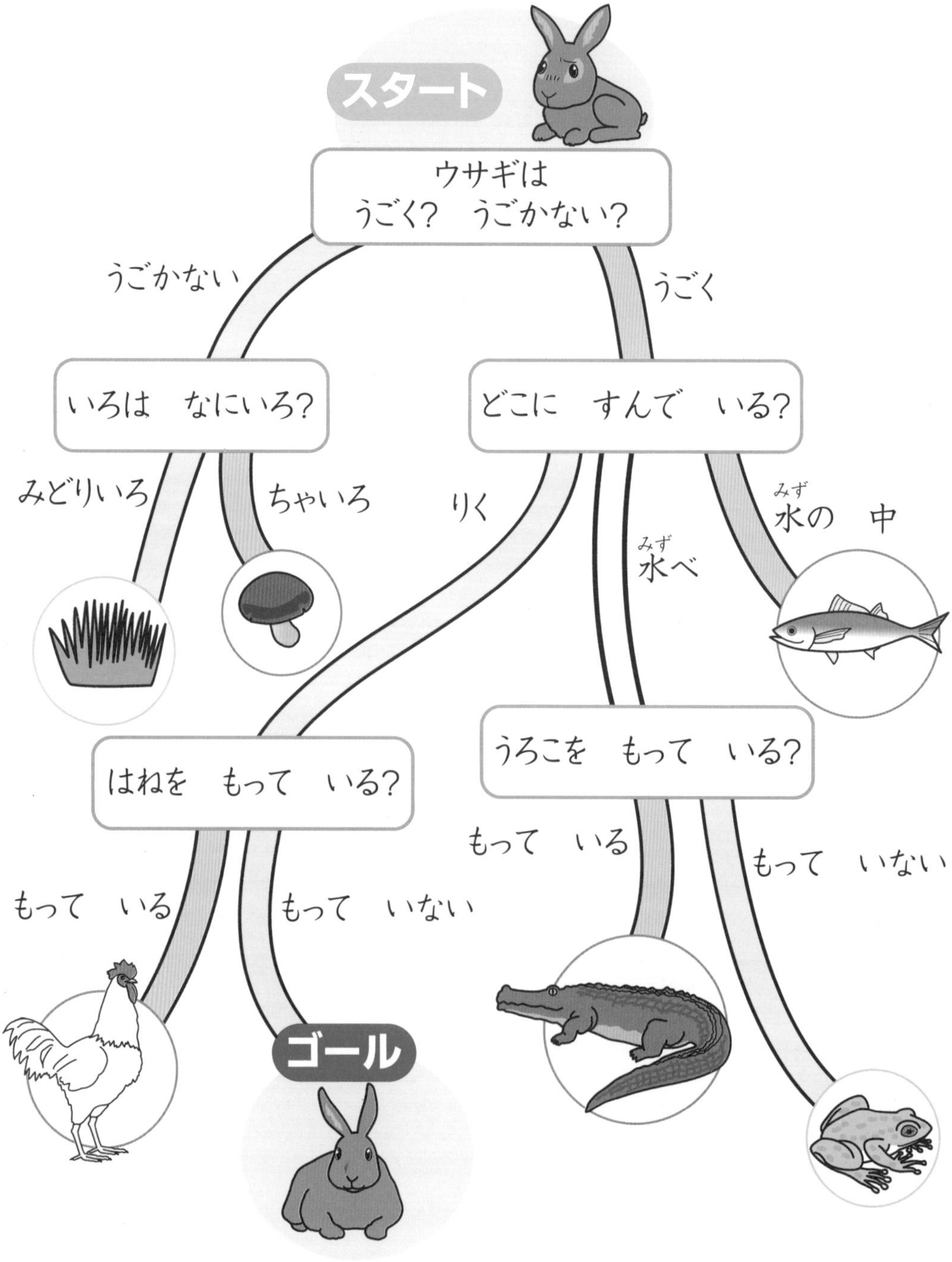

スタート
ウサギは
うごく?　うごかない?
うごかない
うごく
いろは　なにいろ?
どこに　すんで　いる?
みどりいろ
ちゃいろ
りく
水《みず》べ
水《みず》の　中
はねを　もって　いる?
うろこを　もって　いる?
もって　いる
もって　いない
もって　いる
もって　いない
ゴール

4　かげの　おかしい　ところを　５つ　さがして，○で
かこみましょう。

りか

2 りか　クイズ

学習日　　月　　日

1　カードⓐ〜ⓔには　しょくぶつと　たねの　かげが　かいて　あります。下《した》の　えの　花《はな》と　はと　たねが　正《ただ》しい　くみあわせに　なるように，——で　むすびましょう。

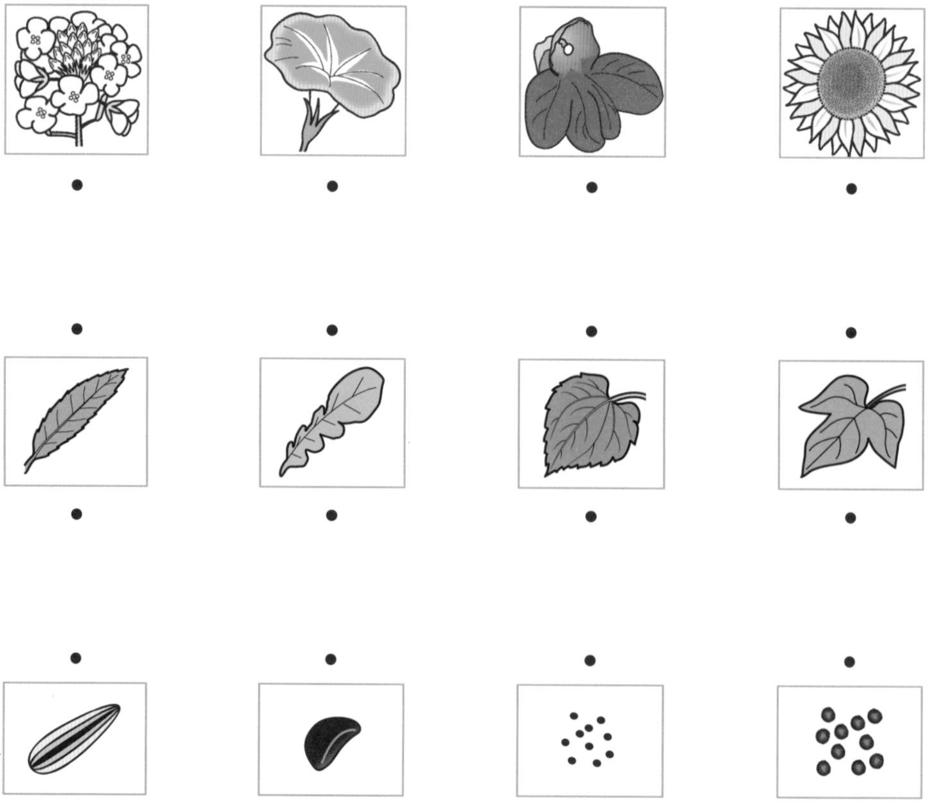

2　ドングリは　ネズミに　たべられ，ネズミは　フクロウに　たべられます。この　かんけいを　れい　で　あらわしました。

れい

①（　　　）の　中《なか》から　正《ただ》しい　ことばを　1つずつ　えらんで，○で　かこみましょう。

ネズミの　かずが　ふえると，やがて　フクロウの　かずが（　ふえる　・　へる　）。

また，ドングリが　あまり　できず　ネズミの　かずが　へると，やがて　フクロウの　かずが（　ふえる　・　へる　）。

②　れい　の　ような　たべられるものと　たべるものの　かんけいに　なる　ように　すべての　いきものを　とおって　スタートから　ゴールまで　いきましょう。おなじ　みちは　2かい　とおれません。

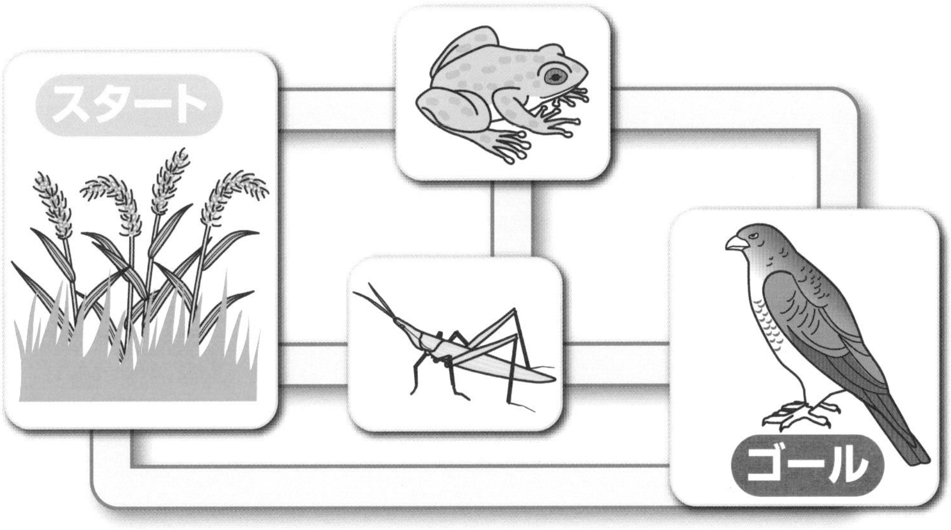

3　むかしの　人《ひと》が　どのように　天気《てんき》を　よそうして　いたかに　ついて　カードに　まとめました。

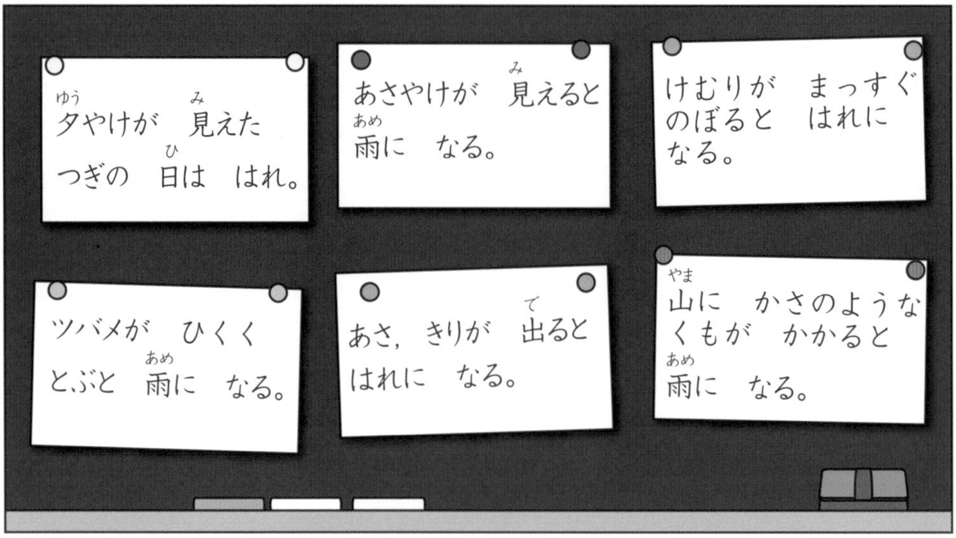

下《した》の　えの　あとの　天気《てんき》は　どうなると　かんがえられますか。（　　）の　中《なか》から　正《ただ》しい　ことばを　1つ　えらんで，○で　かこみましょう。

（　はれ　・　雨《あめ》　）

（　はれ　・　雨《あめ》　）

（　はれ　・　雨《あめ》　）

（　はれ　・　雨《あめ》　）

4 がようしや　セロハンを　はった　かがみを　つかって　日《にっ》こうを　はねかえして，日《ひ》かげの　かべに　あてました。どんな　かげが　できますか。３つの　えの　中から　あうものを　１つ　えらんで　□に　○を　かきましょう。

①　赤《あか》い　がようしを　はった　かがみ

見《み》える　かげ

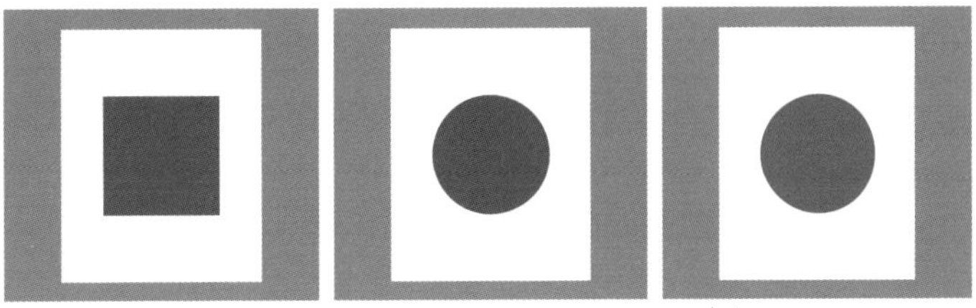

くろの　かげ　　くろの　かげ　　赤《あか》の　かげ

②　赤《あか》い　セロハンを　はった　かがみ

見《み》える　かげ

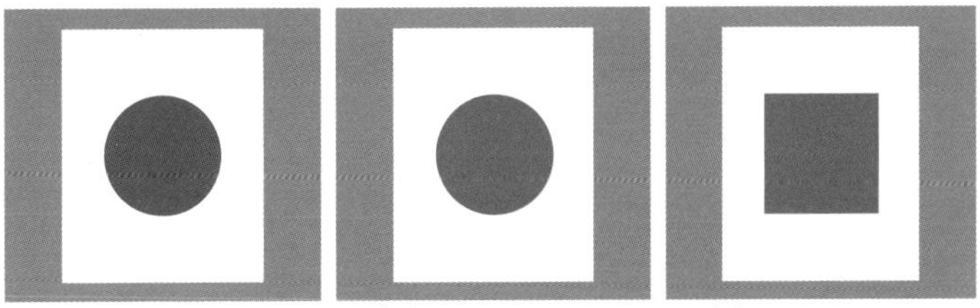

くろの　かげ　　赤《あか》の　かげ　　赤《あか》の　かげ

③　青《あお》い　セロハンを　はった　かがみ

見《み》える　かげ

青《あお》の　かげ　　青《あお》の　かげ　　くろの　かげ

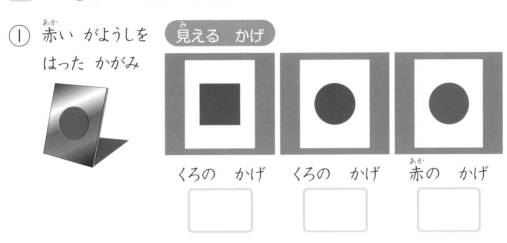

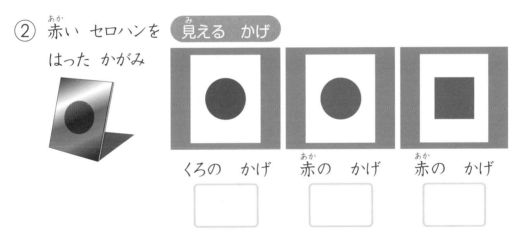

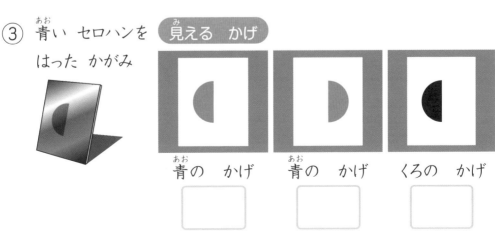

しゃかい

1 しゃかい　クイズ

学習日　　月　　日

1　スーパーマーケットの　えを　見《み》て，あとの　もんだいに　こたえましょう。

① えの 中《なか》の はたらいて いる 3人《にん》の 人《ひと》に はなしを ききました。それぞれの はなしを した 人，しごと，気《き》を つけて いる ことを ―――― で むすびましょう。

はなしを した 人			
しごと	うりばに しなものを 見やすく ならべて います。	おきゃくさんが かう しなものの だい金《きん》を けいさんして います。	さかなや にくを きって おさしみや おかずを つくって います。
気を つけて いる こと	おきゃくさんを またせないように して います。	ほうちょうや 入れものを しょうどくして えい生《せい》に して います。	しなものが すくなくなったり うりきれたり しないように して います。

② スーパーマーケットでの しごとには ○を，そうでない ものには ×を （ ）の 中に かきましょう。

（　　）おきゃくさんが かいやすいように すいかや かぼちゃを 小《ちい》さく きって うる。

（　　）おきゃくさんの ちゅうもんを きいて，できあがった しょくじを テーブルまで はこぶ。

（　　）おうちで そのまま たべられる おかずや おべんとうを うる。

2 ともこさんは　おつかいで　スーパーマーケットに　きました。ともこさんの　かいものメモと　ねふだに　かかれて　いる　ことに　ついて，あとの　もんだいに　こたえましょう。

～かいものメモ～

トマト　・　にんじん　・　もも

とちぎけん
トマト
1こ **90**円《えん》

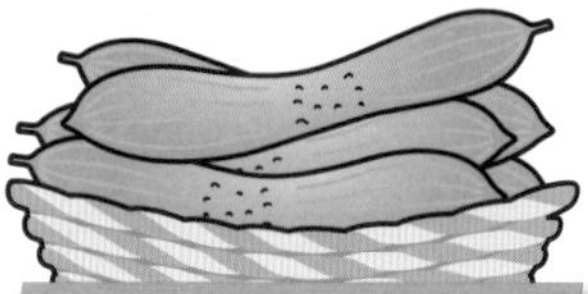

みやざきけん
きゅうり
1本《ぼん》 **60**円

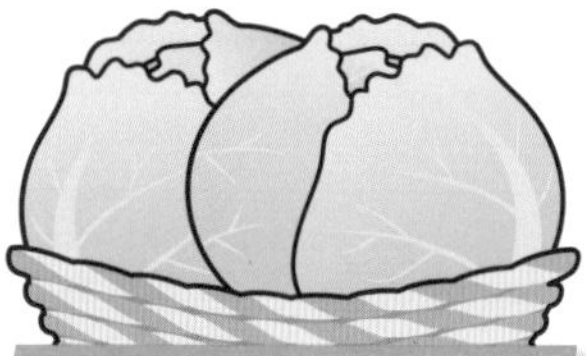

ながのけん
キャベツ
1玉《たま》 **200**円

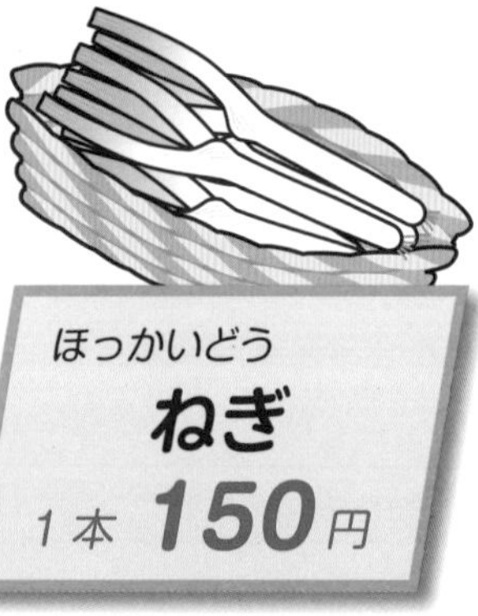

ほっかいどう
ねぎ
1本 **150**円

ほっかいどう
じゃがいも
1こ **60**円

中国《ちゅうごく》
にんじん
1本 **60**円

やまなしけん
もも
1こ **480**円

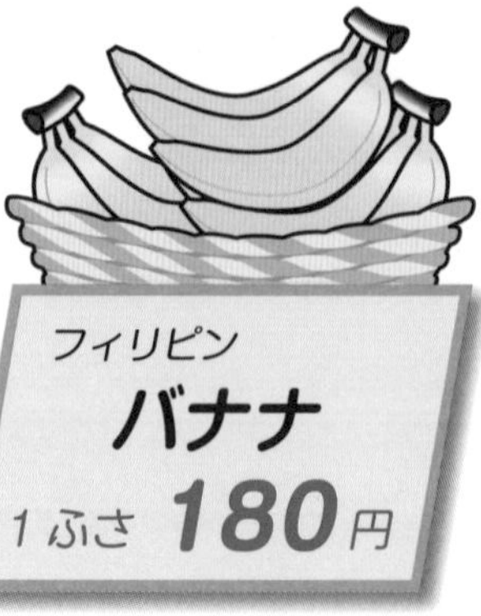

フィリピン
バナナ
1ふさ **180**円

目標や目的に合わせて、一人ひとりに最

小学生コース

1〜6年生

いつの間にか実力がついている。
それは「考える力」の成果です。

1・2年生

シンプルかつ上質な教材で勉強の楽しさを味わいながら、学習習慣を身につけます。国語・算数、Z会オリジナル教科「経験学習」とデジタル教材の英語、プログラミング学習をセットで。さらに思考力をきたえるオプション講座もご用意しています。

セット受講	国語　算数　経験学習 デジタル教材　英語　プログラミング学習
オプション講座	みらい思考力ワーク

Z会員の
98.9%*
が教材の質に満足！
＊2021年度小学生コース
会員アンケートより

3・4・5・6年生

教科書の内容をおさえながら、ひとつ上の知識や応用問題も盛り込んだ学習で、確かな学力と自分で考えて答えを導き出す力を養っていきます。主要4教科や英語に加え、目的に応じた専科講座など、あらゆる学びに対応。お子さまひとりで取り組めるシンプルかつ質の高い教材で、学習習慣も自然に定着します。

本科	国語　算数　理科　社会 英語　5・6年生 デジタル教材　プログラミング学習
専科	3・4年生　英語　思考・表現力 5・6年生　作文　公立中高一貫校適性検査 6年生　公立中高一貫校作文

※1教科・1講座からご受講いただけます。

公立中高一貫校対策もできる！
2021年度合格実績（抜粋）

小石川中等教育学校	33名
都立武蔵高等学校附属中学校	33名
都立白鷗高等学校附属中学校	36名
桜修館中等教育学校	47名
三鷹中等教育学校	37名
土浦第一高等学校附属中学校	8名
千葉県立千葉中学校	13名
千葉県立東葛飾中学校	9名
横浜サイエンスフロンティア高等学校附属中学校	16名
相模原中等教育学校	32名
西京高等学校附属中学校	12名

その他の公立中高一貫校にも多数合格！

※Z会員合格者数は、小学6年生時に以下の講座を受講した方の集計です。Z会通信教育・Z会映像授業・Z会プレミアム講座、Z会の教室本科・講習、および提携塾のZ会講座。
※内部進学は除きます。
（2021年7月31日現在判明分）

最新の合格実績は　Z会　合格実績　検索

適な教材・サービスをご用意しています。

小学生タブレットコース

1～6年生

Z会ならではの良問に タブレットで楽しく取り組める コースです。

自動丸つけ機能や正答率に応じた難度の出し分け機能を活用し、Z会の「本質的で『考える力』を養う学び」を、より取り組みやすい形でお子さまにお届け。デジタルならではの動きを伴った教材で視覚的に学ぶことができ、理解が深まります。「自分でわかった」の積み重ねが自信ややる気を引き出し、自ら学ぶ姿勢を育みます。

Z会員の
96.6%*
が今後も続けたい！
※2021年度小学生タブレットコース会員アンケートより

1～2年生
セット受講
国語　算数　みらいたんけん学習
英語　プログラミング学習

※小学生タブレットコースの受講には、タブレット端末等のご用意が必要です。

3～6年生
セット受講
国語　算数　理科　社会
英語　プログラミング学習
〔3年〕未来探究学習　〔4-6年〕総合学習

中学受験コース

3～6年生

[トータル指導プラン]

受験直結の教材と指導で 難関中学合格の実力を養います。

難関国私立中学の入試を突破できる力を、ご自宅で養うコースです。お子さまの発達段階を考慮して開発したオリジナルカリキュラムで、効率よく学習を進めていきます。

映像授業による解説授業など、全学年ともタブレットを用いたデジタルならではの機能で、理解と定着を強力サポート。記述力は、従来どおり自分の手で書く積み重ねと、お子さまの理解度に合わせた手厚い添削により、常に最善の答案を練り上げられるように指導します。さらに6年生の後半には、より実戦的な専科もご用意し、合格へ向け万全のバックアップを行います。

※要点学習に特化したプランもあります。

本科
国語　算数　理科　社会
※中学受験コース本科の受講には、タブレット端末等のご用意が必要です。
※1教科からご受講いただけます。

専科
6年生のみ
頻出分野別演習　志望校別予想演習

2021年度合格実績（抜粋）

筑波大学附属駒場中学校	21名
開成中学校	32名
麻布中学校	23名
桜蔭中学校	15名
豊島岡女子学園中学校	25名
渋谷教育学園幕張中学校	40名
聖光学院中学校	16名
フェリス女学院中学校	6名
東海中学校	9名
清風南海中学校	8名
西大和学園中学校	23名
神戸女学院中学部	5名
灘中学校	10名

その他の難関国私立中学にも多数合格！

※Z会員合格者数は、小学6年生時に以下の講座を受講した方の集計です。Z会通信教育・Z会映像授業・Z会プレミアム講座、Z会の教室本科・講習、および提携塾のZ会講座。
※内部進学は除きます。（2021年7月31日現在判明分）

① ともこさんは　かいものメモに　かかれた　しなものを かうように　たのまれて　います。かう　しなものの　えに ○を　つけましょう。

② ねふだから　わかる　ことには　○を，わからない　ことには　×を（　）の　中《なか》に　かきましょう。

（　　　）しなものの　名《な》まえや　ねだん
（　　　）しなものを　つくった　人《ひと》の　名まえ
（　　　）しなものを　とり入れてから　うりばに　ならべるまでに　かかった　日《にっ》すう
（　　　）しなものが　つくられた　ばしょ
（　　　）しなものを　スーパーマーケットまで　はこんだ　ほうほう

③ トマトの「とちぎけん」や　バナナの「フィリピン」の ように　しなものが　つくられたり　とられたり　した　ばしょを なんと　いいますか。つぎから　えらんで　○で　かこみましょう。

（かじゅえん　さんち　田《た》んぼ　はたけ　ぼくじょう）

④ ほっかいどうから　はこんで　きた　しなものの　名まえを ２つ，□の　中に　かきましょう。

⑤ バナナや　にんじんを　日本《にほん》に　はこんで　きた　ものを，つぎから　２つ　えらんで，□の　中に　かきましょう。

（でんしゃ　ふね　オートバイ　トラック　ひこうき）

しゃかい

2 しゃかい　クイズ

学習日　　月　　日

1　むかしの　いえの　中《なか》の　ようすを　かいた　えの　中に，この　ころには　なかった　ものが，３つ　かかれて　います。さがして　その　ところに　○を　つけましょう。

2　むかしと　いまの　くらしの　うつりかわりに　ついて，つぎの
3つの　ことを　したい　ときに　つかう　ものを，それぞれ
――― で　むすびましょう。

こめを　たきます。	せんたくを　します。	あそびます。

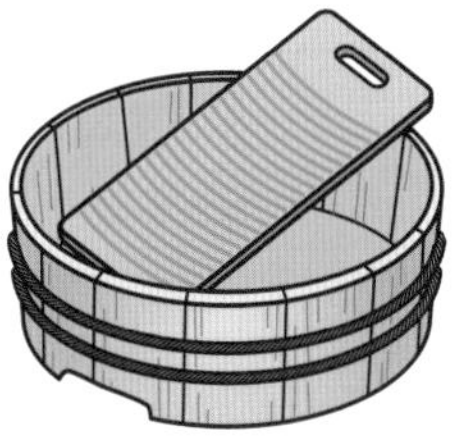
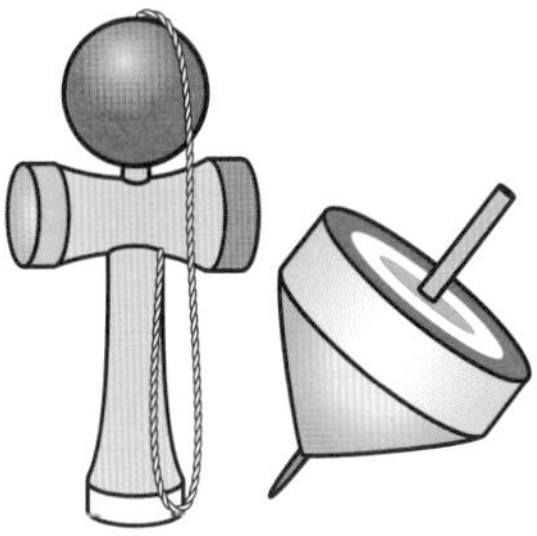
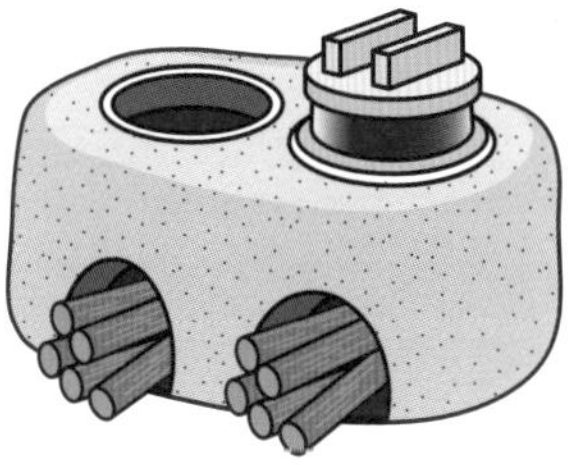

3　ある日《ひ》の　きゅうしょくの　こんだてに　ついて，のうかの人《ひと》から　はなしを　ききました。

トマトを　つくって　います。ふゆに　おいしい　トマトが　できるように　ビニールハウスを　つかって　います。だんぼうに　つかう　石《せき》ゆに　お金《かね》が　かかって　たいへんです。

田《た》んぼで　いねを　そだてて　こめを　つくって　います。はるから　なつの　あいだは　田んぼの　水《みず》を　からさないように　気《き》をつけて　います。

まきばで　うしを　そだてて　ぎゅうにゅうを　つくって　います。うしが　びょうきに　かからないように　せいけつに　したり，どうぶつの　おいしゃさんに　うしの　からだの　ちょうしを　みて　もらったり　して　います。

はたけで　キャベツを　つくって　います。日《ひ》でりが　つづくときは　水やりに　気をつけて　います。また　はを　たべる　虫《むし》が　つかないように　くすりを　まいて　います。

のうかの　人の　はなしと　あう　えを，——— で　むすびましょう。

 ●	● 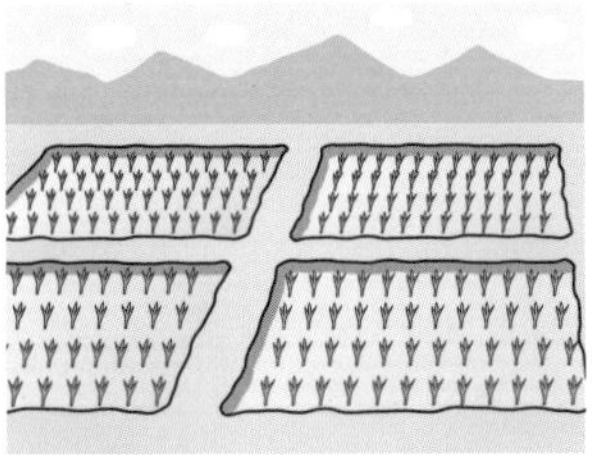
 ●	● 
 ●	● 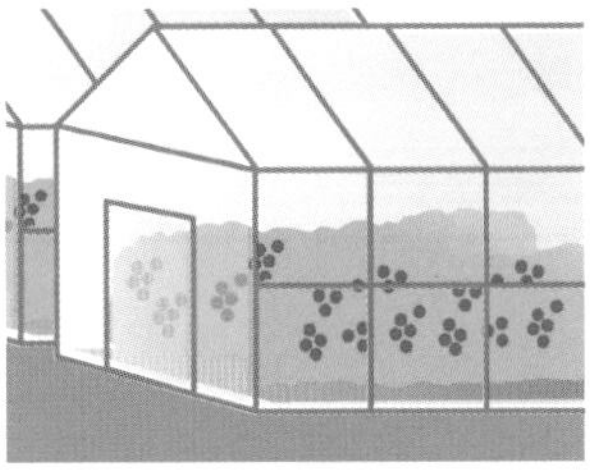
 ●	● 

4　のうかの　人が　きかいを　つかって　する　しごとを　２つえらんで，（　）に　○を　かきましょう。

（　　）ひろい　はたけの　土《つち》を　たがやします。

（　　）木《き》に　ついて　いる　りんごの　みに　１つずつ ふくろを　かぶせます。

（　　）キャベツを　いためないように　ていねいに　とり入《い》れ ます。

（　　）まきばの　草《くさ》を　かりとって　うしの　えさに　します。

「う……」って　なきそうに　なったとき。
「ひゃーん！」
ひめちゃんが　なきだした。
「こわいよぅ！　いぬ、やだよぅ！」
あんまり　おおきな　こえだから、びっくりして、わたしの　なみだ、とまったよ。
「みち、とおれないよぅ！
おうちに　かえれないよぅ！」
「……だ、だいじょうぶ」
わたし、ひめちゃんの　てを　つよくにぎってあげた。
そしたらね、てが　ぼあーんって　あつく　なってきた。
こんなの　はじめて。
わたし、ゆうきが　でた　みたい。

北川《きたがわ》チハル『ともだちの　まほう』（あかね書房刊）

（ひめちゃん）

(3) ——と　ありますが、このとき「わたし」は　どんな　気《き》もちでしたか。（　）に　○を　かきましょう。（10てん）

ア（　）こわいけれど、わたしが　なんとか　しなくちゃ。

イ（　）こわいから　ひめちゃんと　にげよう。

ウ（　）はやく　だれかに　たすけて　ほしいな。

3 つぎの 文《ぶん》しょうを よんで、下《した》の もんだいに こたえましょう。

ひろばに つつじが さいた きんようび。

がっこうの かえりみち、いつもの かどに ヘルメットの おじさんが たっていた。

「このさき こうじちゅうだよ。
ここを まがれば まわりみち」

まわりみちを すすんで いくと、いぬの こえが きこえてきたよ。

う〜わうっ！ わふっ！ わおん！

あかい やねの いえの さくから 三《さん》びきの ちゃいろい いぬが、ながーい はなを つきだして ほえて いる。

こわいよ。やだよ。どうしよう。でも、あの まえを とおらなくっちゃ すすめない。

(1) ヘルメットの おじさんに いわれて、まわりみちを すすんで いくと、どんな ようすでしたか。 （一つ10てん）

あかい やねの いえの さくから [　　　　] が ながい はなを つきだして [　　　　]。

(2) いぬに あった とき、「わたし」と「ひめちゃん」は、それぞれ どのような ようすでしたか。 （一つ10てん）

（わたし） [　　　　]

(5) 文《も》□《じ》を かく。

(6) あしたは 入《にゅう》□《がく》しきだ。

(7) □《しろ》い くもが うかんで いる。

(8) ひいおばあちゃんは □《ひゃく》さいです。

(9) 名まえを（　　）たずねる。

(10) 夕がたに（　　）なる。

---

(2) わるい ことを した ときは、ごめんね。と あやまる。あやまられたら、いいよ。と いって、ゆるして あげる。

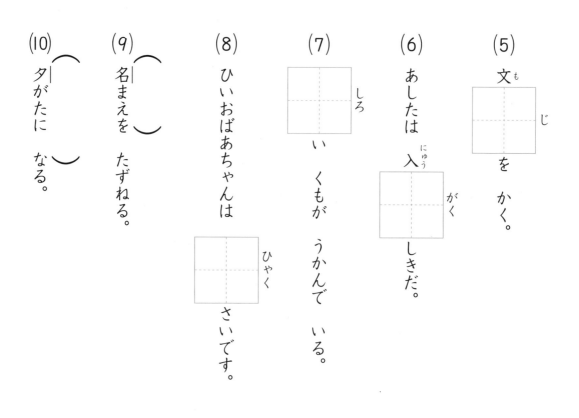

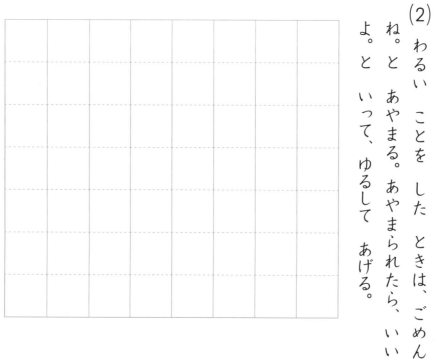

こくご

5 かくにん テスト

学習日　月　日

得点　／100点

1 □には かんじを かきましょう。また、（　）には ——を ひいた かんじの よみがなを かきましょう。（一つ2てん）

(1) □《おう》さまの 耳《みみ》は ロバの 耳。

(2) かごに □《たま》を 入《い》れる。

(3) 空《そら》に □《つき》が かがやく。

(4) あしたは □《にち》ようびだ。

2 つぎの 文《ぶん》には 「　」（かぎ）が ぬけて います。「　」を つかった 文に なおして かきましょう。（一つ15てん）

(1) ぼくは、ともだちに こっちに おいでよ。と いった。ともだちは、いいよ。と こたえた。

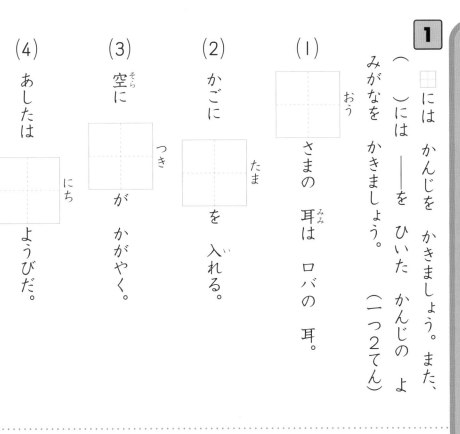

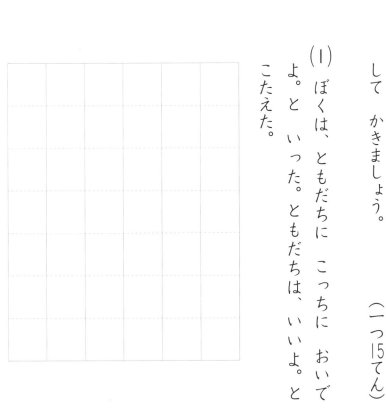

くのびる　ねは　なく、小《ちい》さな　ねのように　見えるところが、いわを　しっかりと　つかんで　いる　ものも　あります。

そうです。海《うみ》の　森の　木とは、コンブや　ワカメ、ホンダワラなどの　かいそうの　ことです。海《うみ》の　森は、そうした　かいそうが　まとまって　しげった　*ぐんらくの　ことです。「海《かい》中《ちゅう》林《りん》」と　よぶ人も　います。②海《うみ》で　はたらく　りょうしさんたちは、ふるくから　この　海《うみ》の森の　ことを　しって　いました。それは、かいそうの　ぐんらくが　陸《りく》の　森のように　見える　だけでなく、陸《りく》の　森とおなじ　はたらきを、海《うみ》の　なかで　はたして　いるからです。

松永勝彦《まつながかつひこ》『さかなの森』(フレーベル館刊)

*ぐんらく…しょくぶつの　あつまり。

ア（　）陸《りく》の　木より　たかく　なる。

イ（　）かたく　ふとい　みきに　なる。

ウ（　）地《ち》中《ちゅう》に　ねが　のびない。

(4)　――②と　ありますが、それは　どうしてですか。　（一つ10てん）

かいそうの　ぐんらくが　陸《りく》の

[　　　　]

だけでなく、海《うみ》の　なかで　陸《りく》の　森と

[　　　　]

を　するから。

6 つぎの 文《ぶん》しょうを よんで、下《した》の もんだいに こたえましょう。

「海《うみ》の なかには、森《もり》が あります」

こう いうと、みなさんは、びっくりされる ことでしょう。しんじられない 人《ひと》も、おおいかも しれません。

（中略《ちゅうりゃく》）

しかし、海《うみ》に 森が ある しょうこは、だれでも 見《み》つける ことが できます。かぜや なみの つよかった 日《ひ》の よく日《じつ》、なみうちぎわへ いって みると、ちぎれた えだや はが ながれついて います。なかには、ねこそぎ はぎとられた ものも、うちあげられて います。

ただ、①海《うみ》の 森の 木《き》は、陸《りく》の 木の ように、たかさが なん十《じゅう》メートルに そだっても、かたく ふとい みきには なりません。また、地中《ちちゅう》に ふかく、ひろ

(1) 海《うみ》の なかに 森《もり》が ある しょうこは、どこへ いくと 見《み》つかりますか。（10てん）

(2) ――①と ありますが、なんの ことを「海《うみ》の 森の 木《き》」と よんで いるのですか。（10てん）

のこと。

(3) 「海《うみ》の 森の 木」の せつめいとして、正《ただ》しい ものは どれですか。（ ）に ○を かきましょう。（10てん）

(5) □《おお》きな　ゾウ。

(6) 七人《しちにん》の　□《こ》人《びと》。

(7) □《すい》□《ちゅう》で　目《め》を　あける。

(8) □《さ》□《ゆう》を　見《み》て　わたる。

(9) 男子が　生《う》まれる。（　　）

(10) わたしの　ゆめは　女ゆうです。（　　）

あたる　ことばを　ぬきだしましょう。

（ぜんぶできて９てん）

この　くには　いつも　へいわだ。

「なに（だれ）が」「なに（だれ）は」　□

「どうする」「どんなだ」　□

5　つぎの　文には　「は」「を」「へ」の　まちがいが　一《ひと》つずつ　あります。まちがって　いる　ところに　×を　つけて、よこに　正《ただ》しい　字《じ》を　かきましょう。　（一つ３てん）

(1) わたしの　ともだちわ　やさしい。

(2) ひとりで　あるいて　がっこうえ　いく。

(3) であった　人《ひと》に　あいさつお　する。

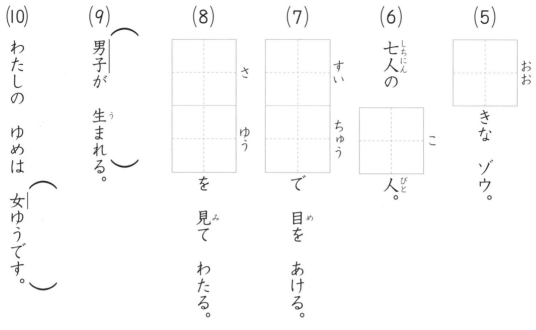

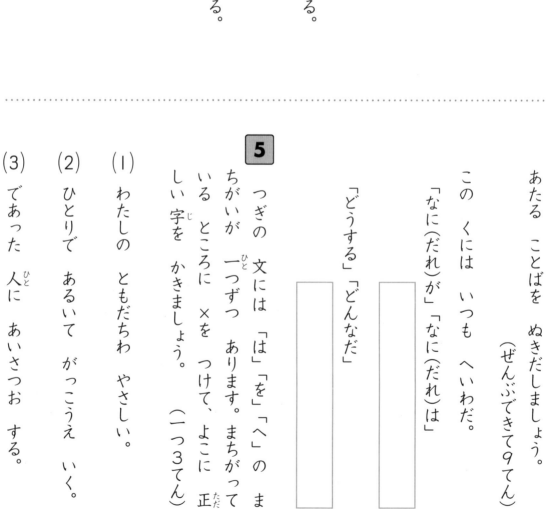

こくご

4 かくにん テスト

学習日　月　日

得点　／100点

1 □には かん字《じ》を かきましょう。また、（　）には ——を ひいた かん字の よみがなを かきましょう。（一つ2てん）

(1) さかみちを かけ□《あ》がる。

(2) エレベーターが □《さ》がる。

(3) みせを □《で》る。

(4) へやに □《はい》る。

2 つぎの 文《ぶん》から「どうする」「どんなだ」に あたる ことばを ◯で かこみましょう。（一つ3てん）

(1) ぼくは きょう、こうていで はしった。

(2) この 本《ほん》は とても むずかしい。

3 つぎの 文から「なに(だれ)が」「なに(だれ)は」に あたる ことばを ◯で かこみましょう。（一つ3てん）

(1) こくごの べんきょうは たのしい。

(2) 犬《いぬ》が おおきい こえで ほえた。

4 つぎの 文から「なに(だれ)が」「なに(だれ)は」と、「どうする」「どんなだ」に

かしたのに　かえって　こないと　じぶんが
　こまります。」
ひろとさん「かりた　人《ひと》も　かした　人も　こまらないような　ルールが　きまって　いれば、ものの　かしかりを　しても　よいのではないでしょうか。」
めぐみさん「どんな　ルールが　あれば、かしかりを　しても　よいと　おもいますか。」
ひろとさん「なにに　つかうかという　ことと、いつ　かえすかという　ことを、かりる　まえに　いうと　よいと　おもいます。」
けんじさん「では、なにに　つかうかという　ことと、いつ　かえすかという　ことを、かりる　まえに　いうという　ルールを　まもれば、かしかりを　しても　よいという　ことで　よいですか。」
めぐみさん「はい。その　いけんに　さんせい　します。」
ゆうかさん「わたしも、さんせいです。」

(3) ひろとさんは、どんな　ルールを　まもって　かしかりを　すれば　よいと　かんがえて　いますか。　（一つ10てん）

かりる　まえに

［　　　　］と

［　　　　］を

きちんと　いうという　ルール。

(4) はなしあいで　なにが　きまりましたか。（　）に　○を　かきましょう。　（10てん）

ア（　）ものの　かしかりを　すると　こまった　ことが　おこるので、しては　いけないという　こと。

イ（　）かりた　人も　かした　人も　こまらないように、ルールを　まもれば　かしかりを　して　よいという　こと。

ウ（　）ものの　かしかりは　べんりなので、いつでも　どんどん　して　よいという　こと。

3 ひろとさんの クラスでは、ともだちと ものの かしかりを する ことに ついて、はんで はなしあいを しました。つぎの はなしあいを よんで、下《した》の もんだいに こたえましょう。

ひろとさん「ぼくは、ともだちと ものの かしかりを しても よいと おもいます。」

めぐみさん「わたしは、できれば かしかりは しない ほうが よいと おもいます。」

けんじさん「めぐみさんは、どうして かしかりを しない ほうが よいと おもうのですか。」

めぐみさん「じぶんで つかう ものは じぶんで よういした ほうが よいと おもうからです。」

ゆうかさん「わたしも、めぐみさんの いけんに さんせいです。こまった ときに ものを かりられると べんりだけれど、ものを

(1) ともだちと ものの かしかりを する ことについて、はなしあいの はじめでは、それぞれ どのように おもって いましたか。かしかりを しても よいと おもって いる 人《ひと》には（ ）に ○を、しないほうが よいと おもって いる 人には（ ）に ×を かきましょう。（ぜんぶできて10てん）

（ ）ひろとさん

（ ）めぐみさん

（ ）ゆうかさん

(2) ゆうかさんが、ものの かしかりを することに はんたいして いるのは なぜですか。（10てん）

こまった ときに ものを かりられると べんりだけれど、

と おもうから。

(5) 岩《がん》□《せき》を　くだく。

(6) □《かい》がらを　ひろう。

(7) □《たけ》とんぼを　つくる。

(8) にわに　ざっ□《そう》が　生《は》える。

(9) 木（　　）かげで　休《やす》む。

(10) きれいな　花（　　）が　さく。

---

(3) ジュースを　三本《さんぼん》　ちょうだい。
（おみせの　人に　たのむ　とき）

(4) きょうかしょを　いえに　わすれた。
（先生《せんせい》に　ほうこくする　とき）

(5) みちを　おしえて。
（しらない　人に　みちを　おしえて　もらいたい　とき）

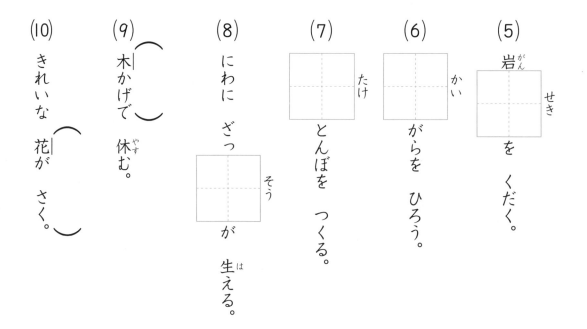

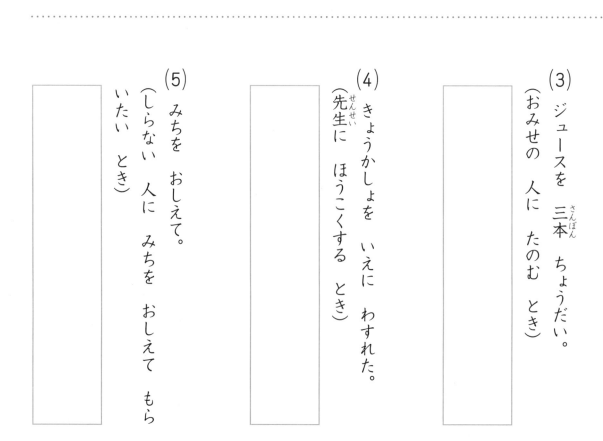

こくご

3 かくにん テスト

学習日　月　日

得点　／100点

1 □には かん字《じ》を かきましょう。また、（　）には ——を ひいた かん字の よみがなを かきましょう。（一つ2てん）

（1）□《むし》めがねで 見《み》る。

（2）□《やま》のぼりを する。

（3）□《すい》□《でん》が ひろがる。

（4）□《さん》□《りん》で くらす。

2 つぎの ことばを（　）の ばめんに あう ていねいな いいかたに なおしましょう。（一つ6てん）

（1）六《ろく》さいに なった。
（よその 人《ひと》に 年《ねん》れいを きかれた とき）

（2）ありがとう。
（けいさつの 人に たすけて もらった とき）

では　ありません。だから、まえに　チカちゃんに　てつぼうを　さそわれた　とき、ほかの　あそびを　しようと　いったのです。

「じゃ、さきに　かえっちゃったのも？」

「う、うん。かえりね。なかよしこうえんに　よって、ふたりで　てつぼうを　してるの。」

「よりみち　いけないけど、ないしょで、こっそり。」

　ふたりは、かたを　すくめます。

（なーんだ。それでなのか……。）

かたの　ちからが　すうっと　ぬけて　いきました。

　チカちゃんも　サホちゃんも、ゆずはの　ことを、きらいに　なって　なかったのです。

（わたしったら、ひとりで　かんちがいして　たんだ。）

　きんちょうが　とけたら、ちょっぴり　はずかしく　なりました。

　でも、おなかに　力《ちから》を　こめると、おもいきって　いいました。

ア（　）ふたりが　うらやましい。

イ（　）ふたりに　きらわれた。

ウ（　）ふたりは　たのしそうだ。

(3) チカちゃんと　サホちゃんは、さきに　かえって　どこで　なにを　して　いましたか。（一つ5てん）

［　　　　］で

［　　　　］を　して　いた。

(4) ——とありますが、チカちゃんと　サホちゃんは　どうして　えがおに　なったのですか。（　）に　○を　かきましょう。（10てん）

ア（　）ゆずはが　いっしょに　てつぼうを　して　みたいと　いったから。

イ（　）ゆずはが　ふたりに　てつぼうを　おしえて　ほしいと　いったから。

ウ（　）ゆずはが　てつぼうは　きらいで　は　ないと　いったから。

4 つぎの 文《ぶん》しょうを よんで、下《した》の もんだいに こたえましょう。

つぎの 日《ひ》の 学校《がっこう》の やすみじかん。こうていに いこうとする チカちゃんと サホちゃんを、ゆずはは おいかけました。
「まって。チカちゃん。ユズも いれて。」
「あっ、ユズちゃん。」
チカちゃんと サホちゃんは たちどまると、かおを みあわせました。
「あのね。わたしたち、てつぼうするのよ。それでも いい？ クラスで てつぼう 一《いち》ばんに なるため、がんばって れんしゅうしてるの。」
「ユズちゃんさ、まえに、てつぼう、きらいだって、いってたでしょ。だから、さそったら わるいと おもって。」
「あっ。」
ゆずはは、目《め》を みひらきました。そうです。ゆずはは、あまり てつぼうが とくい

「てつぼう、へたくそだけど、チカちゃんたちと いっしょなら やってみたい。」
「そうなの。ユズちゃんも さそえば よかったね。」
「じゃ、いっしょに いこう。」
チカちゃんも サホちゃんも すっきりした えがおに なりました。

赤羽《あかはね》じゅんこ『おまじないのてがみ』（文研出版刊）

(1) やすみじかんに チカちゃんと サホちゃんは なにを しようと して いますか。
（一つ10てん）

［　　　　］に いって、［　　　　］の れんしゅうを しようと して いる。

(2) チカちゃんと サホちゃんが さきに かえったことを、ゆずはは どう おもって いましたか。
（10てん）

(5) なわとびを □《はち》 かい　とぶ。

(6) □《み》 つ □《ご》 の　きょうだい。

(7) うまが □《ろく》 とう　いる。

(8) おはじきを □《ここの》 つ　ひろう。

(9) 十（　　　　）この　おまんじゅう。

(10) 千円（　　　　）さつで　しはらう。

---

3 つぎの　ものの　名《な》まえを　まとめて　よぶ　いいかたを　かきましょう。（一つ５てん）

れい　おとうさん　おかあさん　おにいさん　いもうと　［かぞく］

(1) カマキリ　チョウ　セミ　コオロギ　［　　　　］

(2) さんま　さけ　たい　まぐろ　［　　　　］

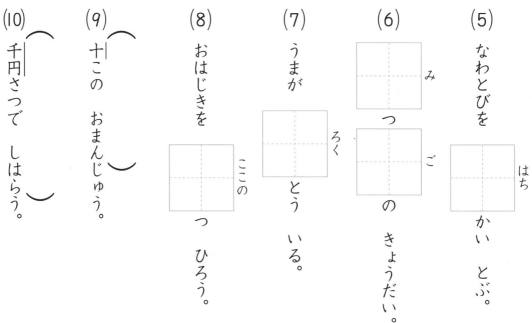

こくご

2 かくにん テスト

学習日　月　日

得点　／100点

1 □には かん字《じ》を かきましょう。また、（　）には ——を ひいた かん字の よみがなを かきましょう。（一つ2てん）

(1) □《なな》いろの にじが 出《で》た。

(2) えんぴつが □《に》□《ほん》 ある。

(3) ねこを □《よん》ひき かって いる。

(4) □《いつ》□《か》ごは ふゆ休《やす》みだ。

2 □の 中《なか》から なかまはずれの ことばを 一《ひと》つ えらび、○で かこみましょう。（一つ5てん）

(1) もも りんご せんべい ぶどう なし

(2) 木 火 日 金 青

(3) 犬 ぞう からす ライオン うま

(4) ふえ いす すず ピアノ たいこ

と、とびだして くるので、はっ見《けん》する ことが できます。

バッタと いえば、トノサマバッタを わすれては いけません。がんじょうそうな あたまを もち、からだの いろは、みどりいろと ちゃいろが 入《い》りまじって います。トノサマバッタは、草むらや すなじで くらすので、からだの いろを はいけいに あわせて いるので しょう。

どの しゅるいの バッタも、うしろあしの ももに ふとい きんにくが ついて いて、じめんを つよく けって、とびあがりますが、トノサマバッタも ひときわ 力《ちから》づよく とびあがります。

日高敏隆《ひだかとしたか》総合監修 『トノサマバッタ』(アスク刊)

□で くらすので、からだの いろを □から。

(4) 文《ぶん》しょうに かいて ある ことと あって いる ものを えらんで、(　)に ○を かきましょう。 (10てん)

ア (　) バッタには いろいろな しゅるいが あり、ほとんどが みどりいろを して いる。

イ (　) バッタは くらす ばしょに あわせて、見つかりにくい からだの いろを して いる。

ウ (　) トノサマバッタは バッタの 中《なか》でも いちばん きんにくが あり、たかく とびあがる。

4 つぎの 文《ぶん》しょうを よんで、下《した》の もんだいに こたえましょう。

なつから あきに かけて、かわらの 草《くさ》むらを あるくと、いろいろな バッタが とびだして きます。キチキチキチと 音《おと》を たてながら とぶ ショウリョウバッタや、せなかに 小《ちい》さな バッタを のせて いる オンブバッタなどです。これらの バッタは、からだの いろが 草の いろに にて います。

かわらの、草が 生《は》えて いない すなじには、また べつの バッタが います。イボバッタや マダラバッタなどです。これらの バッタは、すなや 土《つち》に にた いろを して います。

バッタは、からだの いろが まわりの いろに とけこんで いる ものが おおく、見《み》つけにくいのですが、人《ひと》が あるく

(1) 草《くさ》が 生《は》えて いない すなじに いる バッタは、どんな いろを して いますか。 (10てん)

［　　　　　］いろ。

(2) バッタが 見《み》つけにくいのは どうしてですか。(　)に ○を かきましょう。 (10てん)

ア (　) すぐに とんで にげて いって しまうから。

イ (　) ほかの 虫《むし》に くらべると とても 小《ちい》さいから。

ウ (　) からだが まわりの いろに とけこんで いるから。

(3) ——と ありますが、トノサマバッタの からだは どうして みどりいろと ちゃいろが 入《い》りまじって いるのですか。 (一つ10てん)

(5) □《て》ぶくろを　する。

(6) おとうさんは　□《ちから》もちだ。

(7) □《め》を　とじる。

(8) さか□《だ》ちを　する。

(9) つま先で　たち上《あ》がる。（　　）

(10) パンダが　いちばん　人気が　ある。（　　）

---

3 つぎの　文の　中には、のばす　音《おん》の　かきかたの　まちがいが　あります。まちがって　いる　ところに　×を　つけて、よこに　正《ただ》しく　かきなおしましょう。（15てん）

やりかた　みんなと　こ~~お~~うえんで　あそびます。

おまつりで　かきごうりを　たべて　いると　がっこおの　せんせえと　あいました。しゃべって　いると、とうくで　はなびが　あがりました。とても　きれーでした。

こくご

1 かくにん テスト

学習日　月　日

得点　／100点

1 □には　かん字《じ》を　かきましょう。また、（　）には　――を　ひいた　かん字の　よみがなを　かきましょう。（一つ2てん）

(1) □《くち》を　あける。

(2) あるき　つかれて　□《あし》が　いたい。

(3) やわらかい　□《みみ》たぶだ。

(4) 上《うえ》を　□《み》る。

2 つぎの　文《ぶん》の　中《なか》から、小《ちい》さく　かく　ひらがなを　さがし、○で　かこみましょう。（15てん）

きのう、おとうさんと
はたけで　きゆうりを　と
りました。まつすぐな　も
のや　まがつた　ものが
とれました。おかあさんに
りようりして　もらつて
たべました。

Z会グレードアップ問題集　全科テスト　小学1年

初版第1刷発行……………2021年6月20日
初版第2刷発行……………2022年3月10日
編　者…………………………Z会編集部
発行人…………………………藤井孝昭
発　行…………………………Z会
〒411-0033　静岡県三島市文教町1-9-11
【販売部門：書籍の乱丁・落丁・返品・交換・注文】
TEL 055-976-9095
【書籍の内容に関するお問い合わせ】
https://www.zkai.co.jp/books/contact/
【ホームページ】
https://www.zkai.co.jp/books/

編集協力……………………株式会社 エディット
DTP組版 …………………ホウユウ 株式会社
デザイン……………………ステラデザイン
イラスト・図版……………神谷菜穂子
装丁…………………………Concent, Inc.
印刷・製本…………………シナノ書籍印刷 株式会社

ISBN978-4-86290-334-1 C6081

Z-KAI

かっこいい小学生になろう

Z会グレードアップ問題集
全科テスト

国語　算数　さきどり理科　さきどり社会

小学
1年

解答・解説

解答・解説の使い方

この冊子では，問題の答えとともに，考え方の道筋や押さえておきたい重要事項を掲載しています。問題に取り組む際や○をつける際にお読みいただき，お子さまの取り組みをあたたかくサポートしてあげてください。

ステップ 1

「答え」では，正解を示しています。

※記述問題の解答は，(例)を示しています。

ステップ 2

「考え方」では，それぞれの問題のポイントや考え方の道筋，学習アドバイスを示しています。
記述問題では，まるつけのためのポイントも示しています。

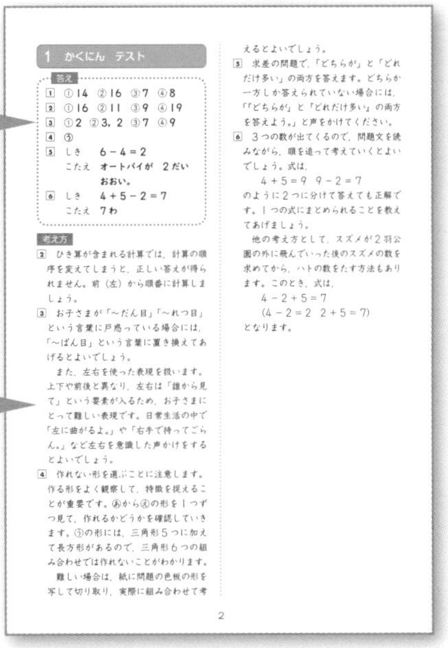

1　かくにん　テスト

答え

1　①14　②16　③7　④8
2　①16　②11　③9　④19
3　①2　②3，2　③7　④9
4　㋒
5　しき　6－4＝2
　こたえ　オートバイが　2だい　おおい。
6　しき　4＋5－2＝7
　こたえ　7わ

考え方

2　ひき算が含まれる計算では，計算の順序を変えてしまうと，正しい答えが得られません。前（左）から順番に計算しましょう。

3　お子さまが「～だん目」「～れつ目」という言葉に戸惑っている場合には，「～ばん目」という言葉に置き換えてあげるとよいでしょう。
　また，左右を使った表現を扱います。上下や前後と異なり，左右は「誰から見て」という要素が入るため，お子さまにとって難しい表現です。日常生活の中で「左に曲がるよ。」や「右手で持ってごらん。」など左右を意識した声かけをするとよいでしょう。

4　作れない形を選ぶことに注意します。作る形をよく観察して，特徴を捉えることが重要です。㋐から㋓の形を１つずつ見て，作れるかどうかを確認していきます。㋒の形には，三角形５つに加えて長方形があるので，三角形６つの組み合わせでは作れないことがわかります。
　難しい場合は，紙に問題の色板の形を写して切り取り，実際に組み合わせて考えるとよいでしょう。

5　求差の問題で，「どちらが」と「どれだけ多い」の両方を答えます。どちらか一方しか答えられていない場合には，「『どちらが』と『どれだけ多い』の両方を答えよう。」と声をかけてください。

6　３つの数が出てくるので，問題文を読みながら，順を追って考えていくとよいでしょう。式は，
　4＋5＝9　9－2＝7
のように２つに分けて答えても正解です。１つの式にまとめられることを教えてあげましょう。
　他の考え方として，スズメが２羽公園の外に飛んでいった後のスズメの数を求めてから，ハトの数をたす方法もあります。このとき，式は，
　4－2＋5＝7
　(4－2＝2　2＋5＝7)
となります。

2

★本テストでは，教科書よりも難しい問題を出題しています。お子さまが正解した場合は，いつも以上にほめてあげて，お子さまのやる気をさらにひきだしてあげてください。

★理科と社会はクイズとして出題しているため，解答・解説の示し方が異なります。

★16ページに，各教科の単元一覧を掲載していますので，テスト前の確認やテスト後の復習の際にご参照ください。

★まちがえた問題は，「考え方」をご確認いただくとともに，復習の際は，教科書や『Z会グレードアップ問題集』(別売り)などをご活用ください。

もくじ

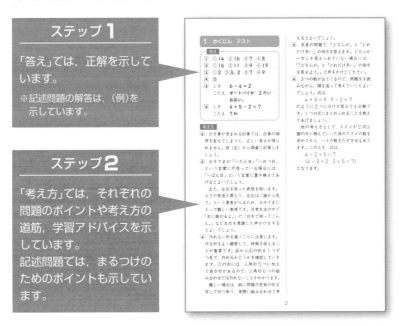

1　かくにん　テスト

答え

1　①14　②16　③7　④8

2　①16　②11　③9　④19

3　①2　②3，2　③7　④9

4　㋒

5　しき　6 − 4 = 2
　こたえ　オートバイが　2だい
　おおい。

6　しき　4 + 5 − 2 = 7
　こたえ　7わ

考え方

2　ひき算が含まれる計算では，計算の順序を変えてしまうと，正しい答えが得られません。前（左）から順番に計算しましょう。

3　お子さまが「～だん目」「～れつ目」という言葉に戸惑っている場合には，「～ばん目」という言葉に置き換えてあげるとよいでしょう。

　また，左右を使った表現を扱います。上下や前後と異なり，左右は「誰から見て」という要素が入るため，お子さまにとって難しい表現です。日常生活の中で「左に曲がるよ。」や「右手で持ってごらん。」など左右を意識した声かけをするとよいでしょう。

4　作れない形を選ぶことに注意します。作る形をよく観察して，特徴を捉えることが重要です。㋐から㋓の形を1つずつ見て，作れるかどうかを確認していきます。㋒の形には，三角形5つに加えて長方形があるので，三角形6つの組み合わせでは作れないことがわかります。

　難しい場合は，紙に問題の色板の形を写して切り取り，実際に組み合わせて考えるとよいでしょう。

5　求差の問題で，「どちらが」と「どれだけ多い」の両方を答えます。どちらか一方しか答えられていない場合には，「『どちらが』と『どれだけ多い』の両方を答えよう。」と声をかけてください。

6　3つの数が出てくるので，問題文を読みながら，順を追って考えていくとよいでしょう。式は，

　　4 + 5 = 9　9 − 2 = 7

のように2つに分けて答えても正解です。1つの式にまとめられることを教えてあげましょう。

　他の考え方として，スズメが2羽公園の外に飛んでいった後のスズメの数を求めてから，ハトの数をたす方法もあります。このとき，式は，

　　4 − 2 + 5 = 7

　　(4 − 2 = 2　2 + 5 = 7)

となります。

2 かくにん テスト

答え

1

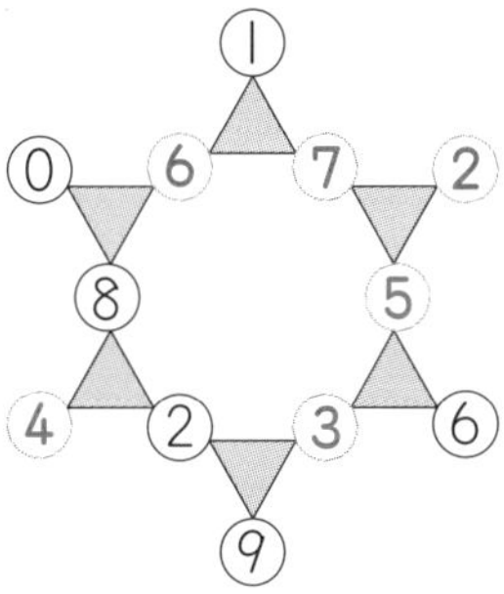

2 しき　**8 + 4 = 12**
　こたえ　**12ひき**

3 しき　**14 − 5 = 9**
　こたえ　**9まい**

4 ○の　なかま　**4**こ
　△の　なかま　**3**こ
　□の　なかま　**5**こ

5

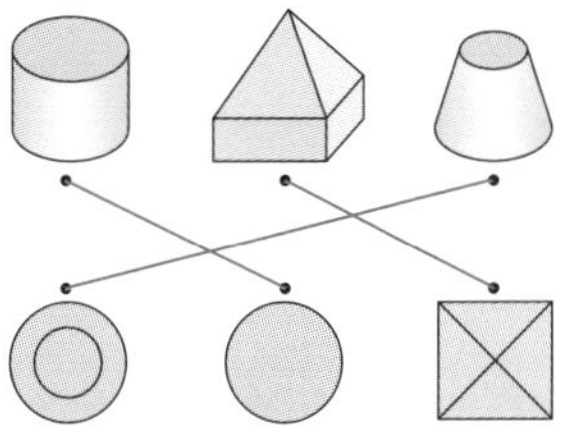

6 ①しき　**2 + 5 + 2 = 9**
　こたえ　**9てん**
　②しき　**5 + 0 + 5 = 10**
　こたえ　**10てん**

考え方

1 △や▽で結ばれた３つの数のうち，２つの数がわかっているところを見つけて，残りの○にあてはまる数を求めます。解き方がわからない場合は，例えば「いちばん下の▽から考えてみよう。」と取り組み始めるところを教えてあげるとよいでしょう。全部の○を埋めたあと，３つの数をたした答えがすべて14になっているかを確かめさせることで，計算ミスを防ぐことにつながります。

2 過条件の問題です。答えを求めるために必要な数を見極める力を養います。「金ぎょはなんびき」なので，問題文の「メダカが10ぴき」が余計な条件です。求めるものである「金ぎょはなんびき」を囲み，それを求めるのに必要な「金ぎょが８ひきいます」と「金ぎょを４ひき水そうに入れました」に下線を引くと，条件を整理しやすくなります。

3 **2**と同様に過条件の問題です。せんべいの枚数を求めるので，「クッキーが６まい」の条件は使いません。

4 同じものを重複して数えてしまわないように，印をつけるなどの工夫ができるとよいでしょう。向きや大きさや色の異なる図形を「同じ仲間」と捉えることは，大人が考える以上に難しいことです。適宜，お子さまをサポートしてあげてください。

5 缶やプリンの容器のように，身近なものから似た形を探して，いろいろな向きから実際に観察すると理解が深まります。左から２番目のかたちは，直方体がなくても上から見たようすは同じです。直方体と四角錐を折り紙で作って，確かめるとよいでしょう。

6② ０を含む問題です。みはるさんの合計得点は，「まと」に当たったときだけを考えて，５＋５＝10として求められますが，この式ではボールを３回投げたことや，２回目が０点だったことが伝わりません。式には，場面を表現するという意味もあることを教えてあげてください。

3　かくにん　テスト

答え

1　① 7 [+] 3 = 10
　② 17 [−] 8 = 9
　③ 3 [+] 4 [+] 8 = 15
　④ 14 [−] 5 [+] 8 = 17

2　**10，7**

3　しき　**7 + 4 = 11**
　こたえ　**11まい**

4　しき　**12 − 9 = 3**
　こたえ　**3こ**

5　①
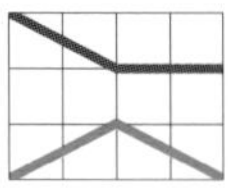
( )
(○)

②
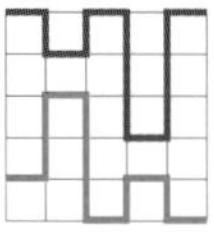
(○)
( )

6

(○)　( )

7　しき　**7 + 9 = 16**
　こたえ　**16本**

8　しき　**15 − 9 = 6**
　こたえ　**6だい**

考え方

1③　小さい数から大きい数はひけないので，1つ目の□には「＋」が入ります。
④　2つの□に「＋」や「−」を入れて，答えが17になるかを確かめます。

2　難しい場合は，「同じ数を2つ合わせると14になる数はいくつかな？」と，ウサギに着目すると考えやすいことを教えてあげましょう。

3　「異種量」の文章題に取り組みます。「異種量」とは，ケーキの個数と皿の枚数のような，異なる種類の数量のことです。異種量の文章題では，一方の数量に置き換えて同種の数量にそろえることにより，たし算やひき算ができるようになります。本問では，「ケーキの個数である7個」を「ケーキをのせた皿の枚数である7枚」に置き換えます。

4　3と同様に異種量の文章題です。「リボンの本数である9本」を「リボンをつけた風船の個数である9個」に置き換えます。

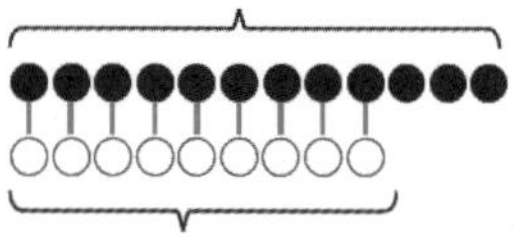
12こ
ふうせん
リボン
9本

5②　線の長さが，ます目のいくつ分かを数えて比較します。

6　ゆうきさんのコップに入っている麦茶のかさと，ふみさんのコップに入っているりんごジュースのかさが，それぞれ絵ではどこにあたるのかを示してあげるとよいでしょう。

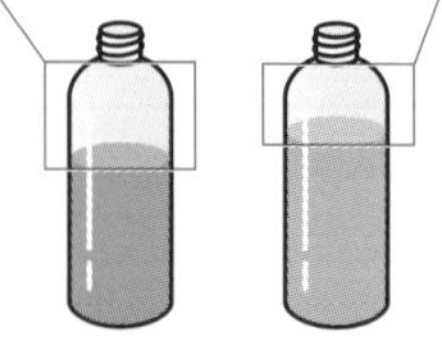
ゆうきさん
のコップ
ふみさんの
コップ

7　少ないほうの数量から，多いほうの数量を求める「求大」の問題です。下のような図をかくと考えやすいです。

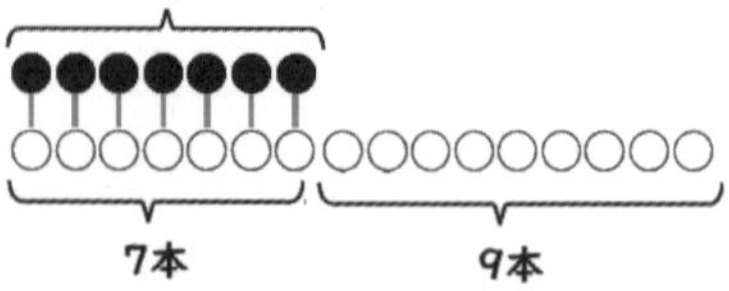
7本
チューリップ
パンジー
7本
9本

8　多いほうの数量から，少ないほうの数量を求める「求小」の問題です。7の「考え方」のような図をかいて考えるとよいでしょう。

4　かくにん　テスト

答え

1　①90　②20　③39
　④100　⑤38

2
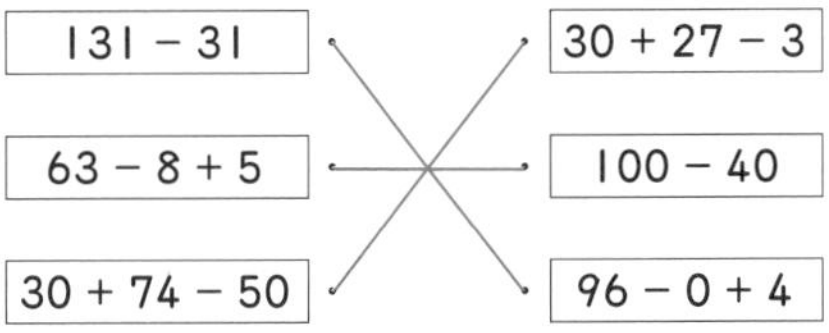
131 − 31
63 − 8 + 5
30 + 74 − 50
30 + 27 − 3
100 − 40
96 − 0 + 4

3　①しき　17 − 6 = 11
　　こたえ　11人
　②しき　17 − 4 = 13
　　こたえ　13人
　③しき　17 − 5 + 3 = 15
　　こたえ　15人

4　①5　②10
　③11　④14

5　①しき　15 − 8 = 7
　　こたえ　7さつ
　②しき　15 + 3 = 18
　　こたえ　18さつ
　③しき　8 + 3 = 11
　　こたえ　11さつ

考え方

1　お子さまが難なく計算できた場合でも，数の意味をしっかり理解するために，実際に硬貨などの具体物を使って数が表す大きさをイメージできるようにしておくと，2年生で学習する筆算もスムーズに理解できるようになります。十円玉と一円玉を使って，たし算の場合は硬貨どうしを合わせる，ひき算の場合は硬貨を取り去るという動作を実際にお子さまと一緒に行うとよいでしょう。

2　計算をしたら，あいているところに答えを書いておくとよいでしょう。

3　位置や順番を表す「順序数」を，個数（量）を表す「集合数」に置き換えて考える問題です。図をかいて考えることが，問題の場面を理解する手助けになります。①，②は，次のような図をかいて考えることができます。

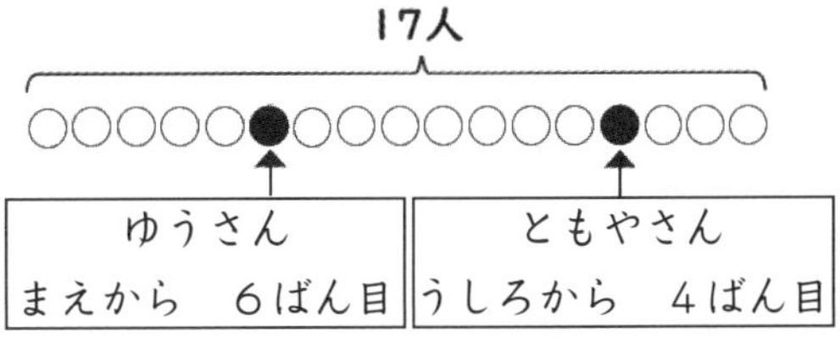
17人
ゆうさん
まえから　6ばん目
ともやさん
うしろから　4ばん目

③は，始めにゆうさんの前に並んでいたのは5人です。始めに列に並んでいた17人からこの5人をひいて，あとから列に加わった3人をたして求めます。

4　②～④は，見えていないところにも積み木があることに注意します。また，落ちや重なりがないように，「左から」「上から」のように，順に数え上げるとよいでしょう。例えば，
②は上から順に数えると，
　1 + 3 + 6 = 10（個）
③は左から順に数えると，
　2 + 3 + 6 = 11（個）
④は手前から順に数えると，
　1 + 3 + 2 + 8 = 14（個）
となります。

5　会話文の中から必要な情報を探して答える問題です。
①　左の本棚にある15冊のうち，8冊が図鑑で，残りが物語の本です。
②　左の本棚にある本は15冊，右の本棚にある本は3冊です。
③　左の本棚にある図鑑は8冊，右の本棚にある図鑑は3冊です。

5　かくにん　テスト

答え

1　①7　②70
③145，130　④7，47

2　①20　②7

3　①トラ　②ライオン

4　①3　②6　③8

5

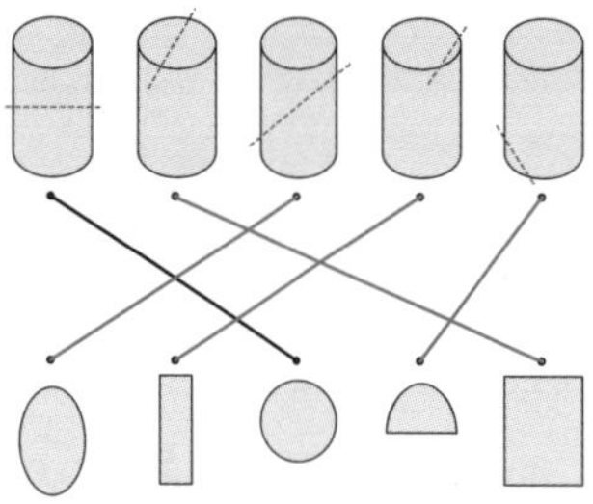

6　①しき　12＋4＝16
こたえ　16こ
②しき　7＋9＋3＝19
こたえ　19こ

考え方

1　数列の規則性を見つける問題です。

①　2ずつ大きくなっています。

②　10ずつ小さくなっています。

③　5ずつ小さくなっています。

④　10ずつ大きくなっています。

2①　2ずつ大きくなっています。2とびの数であることに注目して，10番目まで書いて，答えを導きます。

②　4番目の数を，3－2より1と考えてしまい，戸惑うかもしれません。7，5，3を○で囲んで，7，5，3を繰り返していることを，わかりやすく示してあげるとよいでしょう。

3　指示に従って地図上を進んでいき，動物を見つけるという問題に取り組みます。ゲーム感覚で楽しく取り組めるとよいでしょう。

この問題では，曲がる方向を左右で指示しています。東西南北とは違い，左右は進行方向によって向きが変わります。頭の中だけで考えるのが難しい場合には，冊子を回転させて考えてもかまいません。

2問とも正解できたら，「シカがいる場所まで行くには，どう進めばよいかな？」などとお子さまに問いかけて，説明させるとより理解が深まるでしょう。地図を読む訓練をしておくと，日常生活でも役立ちます。

4　切断したあとの形を想像して，個数を数える問題です。②と③より，同じ回数切っても，切る場所によって分けられる個数が違うこともわかります。実際に豆腐や粘土などを切って，数えてみると理解が深まるでしょう。

5　同じ形をいろいろな角度で切断したときに，どのような切り口になるのかを考える問題です。想像できない場合には，キュウリなどを切って，見せてあげるとよいでしょう。

6　長い文章は読むだけでもたいへんだと思います。内容を理解するためには，問題文を音読するのも効果的です。音読しながら場面を想像し，条件を把握していくとよいでしょう。また，必要な条件が書かれている文を見つけたら，印をつけるなどの工夫をするのもよいでしょう。

①　卵は始めに12個あり，あやこさんのお母さんの提案によって，4個たしてプリンを作ることになりました。

②　第3回の3と同様に，異種量の文章題です。料理教室に参加した人数（大人7人と子ども9人）をできたプリンの個数に置き換えます。

1　りか　クイズ

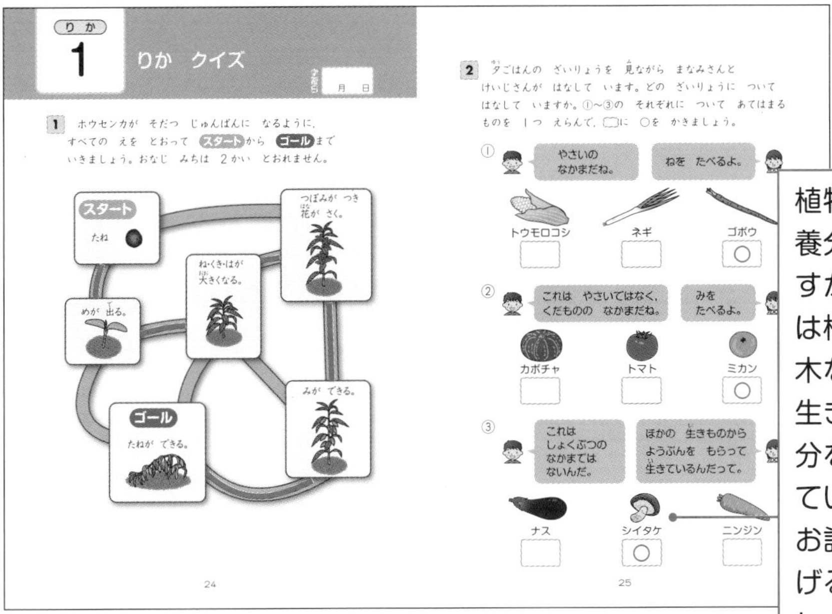

植物は自分で養分を作りますが，キノコは植物や枯れ木など，他の生き物から養分を得て生きていることをお話ししてあげるとよいでしょう。

《保護者の方へ》

身近な植物を一緒に見ながら，植物のからだが根・茎・葉などに分かれていることをお話しするとよいでしょう。また，野菜や果物などを実際に手に取り，植物のからだのつくりのどの部分に当たるのかを確認すると，より理解が深まります。

お子さまがとまどっている場合は，影が太陽（光源）と逆の向きにできることや，影を作るもの（人や建物，木など）の形や大きさに応じて影ができることを教えてあげましょう。

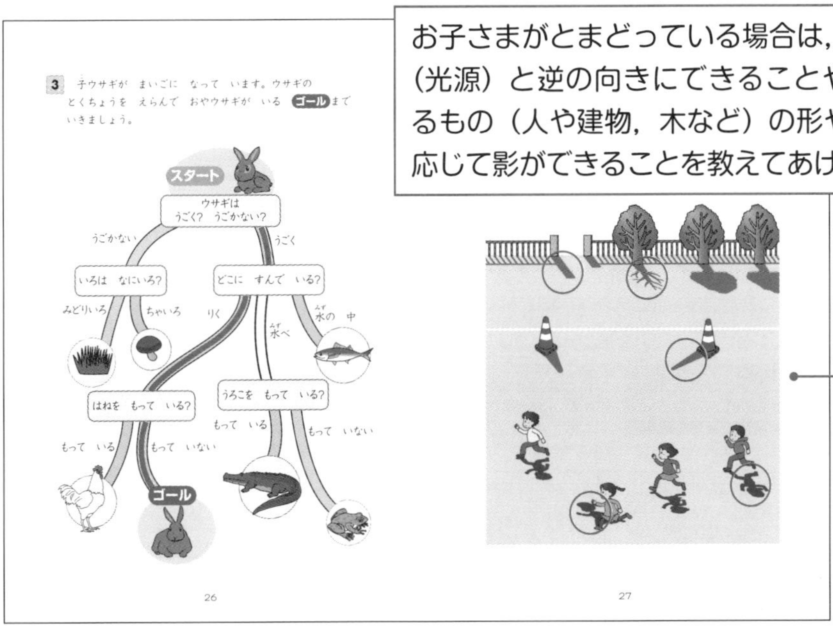

《保護者の方へ》

3では，いろいろな植物や動物の特徴について着目することで生き物を分類できることを学びます。身のまわりの生き物について，特徴を観察し，お子さまなりの分類方法でなかま分けができると，生き物への理解が深まり興味を持って学習を進められることでしょう。

2　りか　クイズ

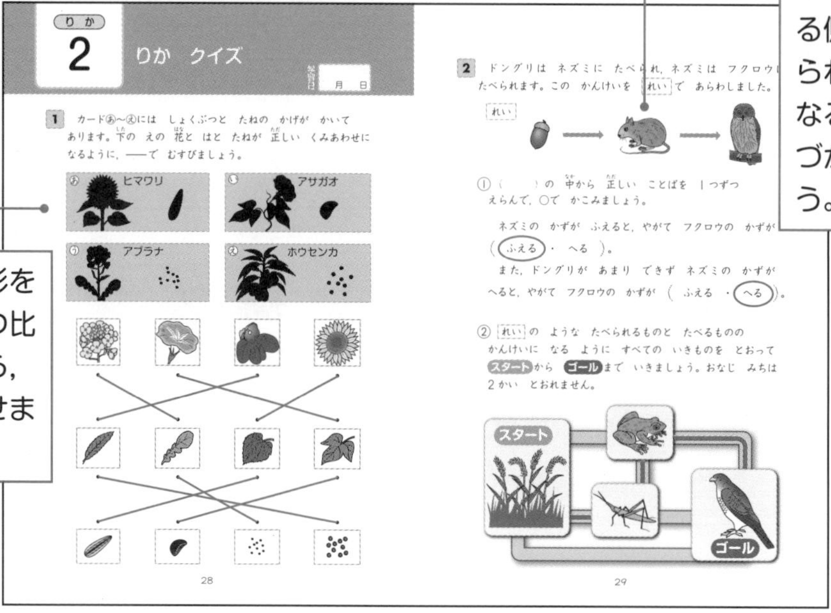

りか

2　りか　クイズ

月　日

1　カード㋐〜㋓には　しょくぶつと　たねの　かげが　かいて　あります。下《した》の　えの　花《はな》と　はと　たねが　正《ただ》しい　くみあわせに　なるように，――て　むすびましょう。

㋐ ヒマワリ　㋑ アサガオ　㋒ アブラナ　㋓ ホウセンカ

28

2　ドングリは　ネズミに　たべられ，ネズミは　フクロウに　たべられます。この　かんけいを　れい　で　あらわしました。

れい

①（　　）の　中《なか》から　正《ただ》しい　ことばを　１つずつ　えらんで，○で　かこみましょう。

ネズミの　かずが　ふえると，やがて　フクロウの　かずが（ふえる・へる）。

また，ドングリが　あまり　できず　ネズミの　かずが　へると，やがて　フクロウの　かずが（ふえる・へる）。

②　れい　の　ような　たべられるものと　たべるものの　かんけいに　なる　ように　すべての　いきものを　とおって　スタート　から　ゴール　まで　いきましょう。おなじ　みちは　２かい　とおれません。

スタート

ゴール

29

葉や種の形を一つひとつ比較しながら，見分けさせましょう。

ネズミは食べる側にも食べられる側にもなることに気づかせましょう。

《保護者の方へ》　1では，いろいろな形の種や，様々な花の咲き方や姿から，植物にも動物と同じように多様性があることに気づかせるとよいでしょう。2の食物連鎖では，一般的に食べる側が食べられる側より数が少ない状態で安定することを具体的な例をあげてお話ししてもよいでしょう。

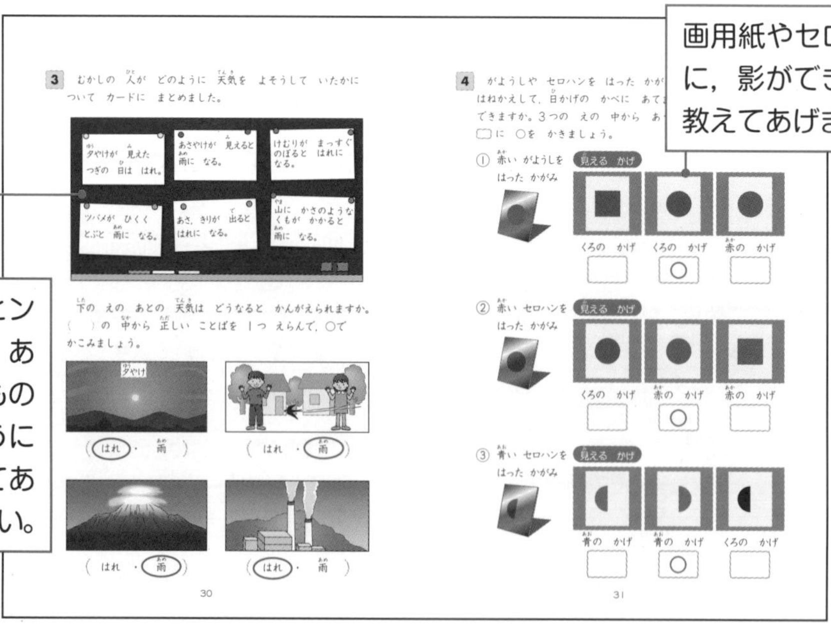

3　むかしの　人《ひと》が　どのように　天気《てんき》を　よそうして　いたかに　ついて　カードに　まとめました。

夕《ゆう》やけが　見《み》えた　つぎの　日《ひ》は　はれ。

あさやけが　見《み》えると　雨《あめ》に　なる。

けむりが　まっすぐ　のぼると　はれに　なる。

ツバメが　ひくく　とぶと　雨《あめ》に　なる。

あさ，きりが　出《で》ると　はれに　なる。

山《やま》に　かさのような　くもが　かかると　雨《あめ》に　なる。

下《した》の　えの　あとの　天気《てんき》は　どうなると　かんがえられますか。（　）の　中《なか》から　正《ただ》しい　ことばを　１つ　えらんで，○で　かこみましょう。

夕《ゆう》やけ

（はれ・雨《あめ》）　（はれ・雨《あめ》）

（はれ・雨《あめ》）　（はれ・雨《あめ》）

30

4　がようしや　セロハンを　はった　かが……はねかえして，日《ひ》かげの　かべに　あて……できますか。３つの　えの　中から　あ……□に　○を　かきましょう。

①　赤《あか》い　がようしを　はった　かがみ　見《み》える　かげ

くろの　かげ　くろの　かげ　赤《あか》の　かげ

②　赤《あか》い　セロハンを　はった　かがみ　見《み》える　かげ

くろの　かげ　赤《あか》の　かげ　赤《あか》の　かげ

③　青《あお》い　セロハンを　はった　かがみ　見《み》える　かげ

青《あお》の　かげ　青《あお》の　かげ　くろの　かげ

31

カードをヒントにして，あてはまるものを探すように声をかけてあげてください。

画用紙やセロハンの形に，影ができることを教えてあげましょう。

《保護者の方へ》　実際に夕焼けがきれいだった日や，低く飛ぶツバメを見かけた日などに，翌日以降の天気予報と結びつけて話題にするとよいでしょう。鏡にセロハンをはった部分は，セロハンと同じ色で反射するので，この光が壁につくる影は，セロハンと同じ色になります。また，反射したセロハンの影は左右逆になります。実際に試してみてもよいでしょう。

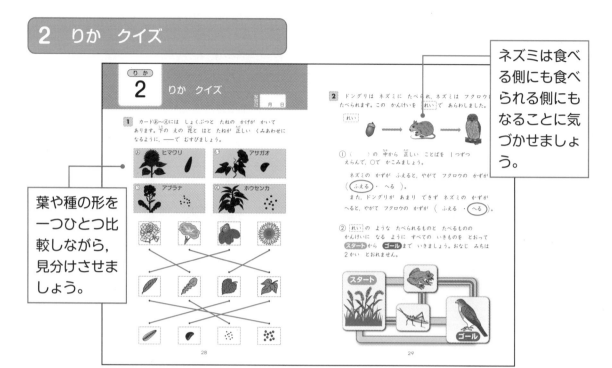

1　しゃかい　クイズ

（しゃかい）1　しゃかい　クイズ　学習日　月　日

1　スーパーマーケットの　えを　見《み》て，あとの　もんだいに　こたえましょう。

にく
ドリンクコーナー
おかしコーナー

32

① えの　中《なか》の　はたらいて　いる　3人《にん》の　人《ひと》に　はなしを　ききました。それぞれの　はなしを　した　人，しごと，気《き》を　つけて　いる　ことを ―― で　むすびましょう。

はなしを　した　人

しごと
- うりばに　しなものを　見やすく　ならべて　います。
- おきゃくさんが　かう　しなものの　だい金《きん》を　けいさんして　います。
- さかなや　にくを　きって　おさしみや　おかずを　つくって　います。

気を　つけて　いる　こと
- おきゃくさんを　またせないように　して　います。
- ほうちょうや　入れものを　しょうどくして　えい生《せい》に　して　います。
- しなものが　すくなくなったり　うりきれたり　しないように　して　います。

② スーパーマーケットでの　しごとには　○を，そうでない　ものには　×を（　）の　中に　かきましょう。

（ ○ ）おきゃくさんが　かいやすいように　すいかや　かぼちゃを　小《ちい》さく　きって　うる。
（ × ）おきゃくさんの　ちゅうもんを　きいて，できあがった　しょくじを　テーブルまで　はこぶ。
（ ○ ）おうちで　そのまま　たべられる　おかずや　おべんとうを　うる。

33

《保護者の方へ》　スーパーマーケットで働く人や，さまざまな商品・サービスは，お子さまにとって観察しやすく，身近に考えることができる，社会科の生きた好材料です。ここで登場した働く人の他にも，どのような仕事があるか，どのような仕事の人が関わっているか，お子さまから引き出すように問いかけてみてください。

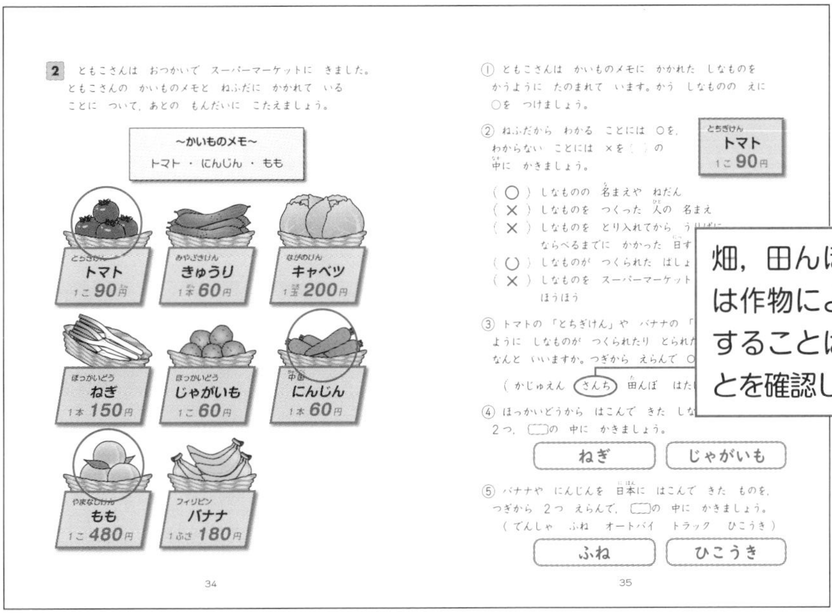

2　ともこさんは　おつかいで　スーパーマーケットに　きました。ともこさんの　かいものメモと　ねふだに　かかれて　いる　ことに　ついて，あとの　もんだいに　こたえましょう。

～かいものメモ～
トマト・にんじん・もも

- とちぎけん　トマト　1こ 90円
- みやざきけん　きゅうり　1本 60円
- ながのけん　キャベツ　1玉 200円
- ほっかいどう　ねぎ　1本 150円
- ほっかいどう　じゃがいも　1こ 60円
- 中国　にんじん　1本 60円
- やまなしけん　もも　1こ 480円
- フィリピン　バナナ　1ふさ 180円

34

① ともこさんは　かいものメモに　かかれた　しなものを　かうように　たのまれて　います。かう　しなものの　えに　○を　つけましょう。

② ねふだから　わかる　ことには　○を，わからない　ことには　×を（　）の　中《なか》に　かきましょう。

とちぎけん　トマト　1こ 90円

（ ○ ）しなものの　名《な》まえや　ねだん
（ × ）しなものを　つくった　人《ひと》の　名まえ
（ × ）しなものを　とり入れてから　うりばに　ならべるまでに　かかった　日《にっ》す
（ ○ ）しなものが　つくられた　ばしょ
（ × ）しなものを　スーパーマーケット　ほうほう

③ トマトの「とちぎけん」や　バナナの「　ように　しなものが　つくられたり　とられた　なんと　いいますか。つぎから　えらんで　○

（ かじゅえん　さんち　田《た》んぼ　はた

④ ほっかいどうから　はこんで　きた　しな　2つ，□の　中に　かきましょう。

ねぎ　じゃがいも

⑤ バナナや　にんじんを　日本《にほん》に　はこんで　きた　ものを，つぎから　2つ　えらんで，□の　中に　かきましょう。
（ でんしゃ　ふね　オートバイ　トラック　ひこうき ）

ふね　ひこうき

35

畑，田んぼ，果樹園は作物によって区別することばであることを確認しましょう。

《保護者の方へ》　作物が違っても同じ産地で作られたのもの，同じ作物でもさまざまな産地から運ばれてきたものなど，野菜や果物の産地には，お子さまが興味を引かれる情報がたくさんあります。外国から輸入された作物も含めて，どのような作物がどのようなところで作られているか，その土地の気候なども併せて考えるとよいでしょう。

2 しゃかい クイズ

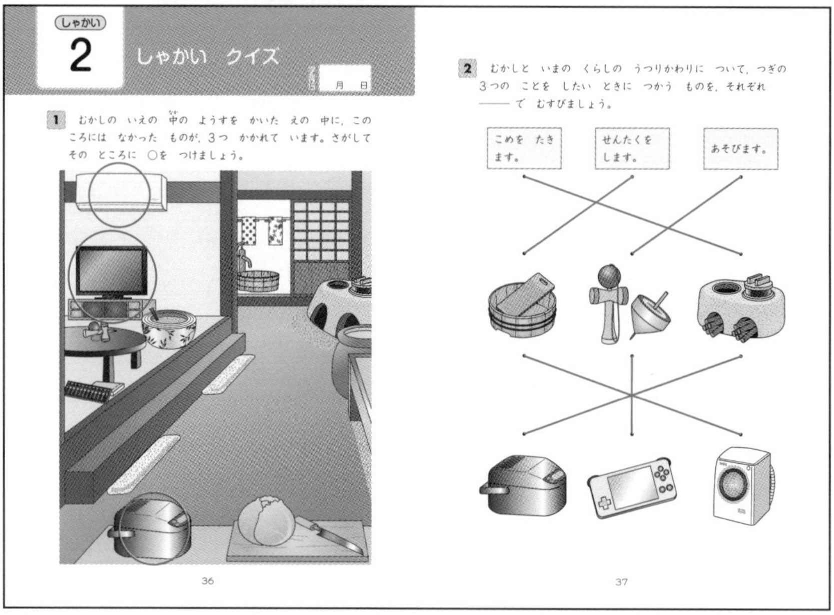
しゃかい

2 しゃかい クイズ

月 日

1 むかしの いえの 中《なか》の ようすを かいた えの 中に，このころには なかった ものが，3つ かかれて います。さがして その ところに ○を つけましょう。

2 むかしと いまの くらしの うつりかわりに ついて，つぎの 3つの ことを したい ときに つかう ものを，それぞれ ―― で むすびましょう。

こめを たきます。

せんたくを します。

あそびます。

36

37

《保護者の方へ》 保護者の方がお子さまの年齢の頃にはパソコンや携帯ゲーム機が身近になって間もない時期だったこと，電子レンジはあったけれどスマートフォンはなかったことなどを切り口にして，身近な道具が絵に描かれた昭和初期からどのように変わってきたか，それによって生活がどう変わってきたか話してみるとよいでしょう。

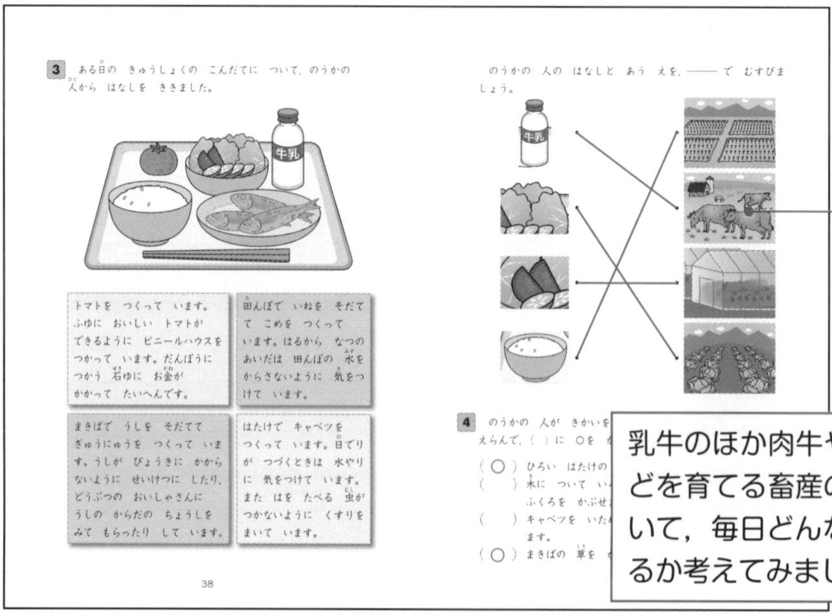
3 ある日《ひ》の きゅうしょくの こんだてに ついて，のうかの 人《ひと》から はなしを ききました。

トマトを つくって います。ふゆに おいしい トマトが できるように ビニールハウスを つかって います。だんぼうに つかう 石《せき》ゆに お金《かね》が かかって たいへんです。

田《た》んぼで いねを そだてて こめを つくって います。はるから なつの あいだは 田んぼの 水《みず》を からさないように 気《き》をつけて います。

まきばで うしを そだてて ぎゅうにゅうを つくって います。うしが びょうきに かからないように せいけつに したり，どうぶつの おいしゃさんに うしの からだの ちょうしを みて もらったり して います。

はたけで キャベツを つくって います。日《ひ》でりが つづくときは 水やりに 気をつけて います。また はを たべる 虫《むし》が つかないように くすりを まいて います。

38

のうかの 人の はなしと あう えを，―― で むすびましょう。

4 のうかの 人が きかいを

えらんで，（ ）に ○を

（ ◯ ） ひろい はたけの

（　 ） 木《き》に ついて い

ふくろを かぶせ

（　 ） キャベツを いた

ます。

（ ◯ ） まきばの 草《くさ》を

乳牛のほか肉牛や豚，鶏などを育てる畜産の仕事について，毎日どんな仕事があるか考えてみましょう。

《保護者の方へ》 野菜や果物，米や麦などの穀物，畜産など，農家の仕事は多様です。育てるものによって仕事にさまざまな工夫がされたり，きめ細かい注意が払われたりしていることを理解しましょう。気候については未習ですが，想像できる範囲で土地に適した作物や家畜が育てられていることに注目するとよいでしょう。

5 かくにん テスト

答え

1 (1) 王　(2) 玉　(3) 月　(4) 日　(5) 字
(6) 学　(7) 白　(8) 百　(9) な　(10) ゆう

2 (1) (例)

　ぼくは、とも
だちに
「こっちにおい
でよ。」
といった。とも
だちは、
「いいよ。」
とこたえた。

(2) (例)

　わるいことを
したときは、
「ごめんね。」
とあやまる。あ
やまられたら、
「いいよ。」
といって、ゆる
してあげる。

3 (1) 三びきのちゃいろいいぬ・ほえていた
(2) (わたし) なきそうになった
(ひめちゃん) なきだした
(3) **ア**

考え方

2 人物の言った言葉には、「　」をつけます。「　」をつけることで、会話のやりとりがわかりやすくなります。だれかの言葉の後に「～と（言った）」という形がくることが多いので注意しておきましょう。「　」の表記の原則は、〈改行し、「　」内の二行目以降は一マス下げて書く〉というもので「答え」は原則に沿って示しています。発言部分を正しくとらえていて、始まりのカギ（「）と、句点と終わりのカギ（。」）とがそれぞれ一マスで書けていれば、改行していなくても正解です。

3 (1) 学校の帰り道、いつもの道は、ヘルメットのおじさんに工事中と言われ、回り道をしなければなりませんでした。回り道をした先には、「あかい　やねの　いえの　さくから　三びきの　ちゃいろい　いぬが、ながーい　はなをつきだして　ほえて」いましたね。

(2) 「わたし」は、17・18行目にあるように、犬がほえているのを見て泣きそうになりました。しかし、「わたし」は19・20行目にあるように「ひめちゃん」が「ひゃーん！」と泣き出した様子を見て、涙が止まりました。実際に泣いてしまった「ひめちゃん」と、泣かなかった「わたし」との対照的な様子をとらえましょう。

(3) 「わたし」が「……だ、だいじょうぶ」と言いながらひめちゃんの手をにぎっていることに注目します。自分もこわかったのですが、泣き出したひめちゃんを見て、自分がしっかりしなくちゃ、何とかしなくちゃという気持ちになったのです。32行目の「わたし、ゆうきが　でた　みたい」からも、「わたし」の前向きな気持ちが読み取れます。

イは、その場から逃げようという気持ちではありませんので、まちがいです。ここでは、こわいけれど、立ち向かおうという気持ちになっているので、**ウ**も、誰かに助けてほしいという内容がまちがいです。

4 かくにん テスト

答え

1 (1) 上 (2) 下 (3) 出 (4) 入
(5) 大 (6) 小 (7) 水中 (8) 左右
(9) だんし (10) じょ

2 (1) はしった (2) むずかしい

3 (1) べんきょうは (2) 犬が

4 「なに（だれ）が」「なに（だれ）は」→くには
「どうする」「どんなだ」→へいわだ

5 (1) ともだち~~わ~~→ともだちは
(2) がっこう~~え~~→がっこうへ
(3) あいさつ~~お~~→あいさつを

6 (1) かぜやなみのつよかった日のよく日のなみうちぎわ
(2) （コンブやワカメ、ホンダワラなどの）かいそう
(3) **ウ**
(4) 森のように見える・おなじはたらき

考え方

2 「どうする」「どんなだ」にあたる言葉は述語といい、文の最後にあることが多いため、語順に注意しながら、考えましょう。

3 「なに（だれ）が」「なに（だれ）は」にあたる言葉は主語といい、述語を見つけてから考えると、簡単に見つけることができます。先に述語が「たのしい」「ほえた」だとおさえてから、それぞれの「何が（は）」を考えれば主語が見つかります。

4 まずは述語を探すと、文の最後の言葉である「へいわだ」が述語だとわかります。次に、「何がへいわなのか」を考えて、「くには」が主語であることをつかみましょう。

5 助詞として用いられる「は」「を」「へ」は、直前の言葉が名詞であるかどうかで見分けることができます。

6 (1) 「海の なか」の話をしていて、「しょうこ」という言葉が出てきている場所を探して読みましょう。6行目に「海に 森が ある しょうこは」という表現が出てきます。その少し後に「かぜや なみの つよかった 日の よく日、なみうちぎわへ いって みると」とあることから、この部分が答えとなります。

(2) 「海の 森の 木」がどんなものであるかの説明を探しながら読むと、20～22行目に「海の 森の 木とは、コンブや ワカメ、ホンダワラなどの かいそうの ことです」という表現が見つかります。

(3) ——①を含む段落に、「海の 森の 木」の特徴がまとめられています。問題文と照らし合わせながら選択肢の正誤を判断しましょう。**ア**は「より たかく なる」が×、**イ**は15・16行目に「かたく ふとい みきには なりません」とあるので×です。

(4) 理由を問われていることから、理由を表す言葉（から、ため、ので）を意識して探しましょう。問題文の最後に「～からです」という理由を表す表現があることから、その前の内容を答えます。

3 かくにん テスト

答え

1 (1) 虫 (2) 山 (3) 水田 (4) 山林 (5) 石
(6) 貝 (7) 竹 (8) 草 (9) こ (10) はな

2 (1) 六さいになりました。
(2) (どうも) ありがとうございます。／(どうも) ありがとうございました。
(3) ジュースを三本ください。
(4) きょうかしょをいえにわすれました。
(5) みちをおしえてください。

3 (1) (◯) ひろとさん
(×) めぐみさん
(×) ゆうかさん
(2) (例) ものをかしたのにかえってこないとじぶんがこまる
(3) なににつかうか（ということ）
いつかえすか（ということ）
(4) **イ**

考え方

2 自分が直接話しかける相手に敬意を表すときには丁寧語の「です・ます」を使います。また、依頼をする場合には「〜ください」という形が使われます。

3 (1) ひろとさんは、はじめに「ぼくは、ともだちと ものの かしかりを しても よいと おもいます。」と言っていることから、◯であるとわかります。めぐみさんは、「わたしは、できれば かしかりは しない ほうが よいと おもいます。」と言っていることから、×であるとわかります。ゆうかさんは、「わたしも、めぐみさんの いけんに さんせいです。」と言っています。めぐみさんは、ものの貸し借りはしないほうがよいという意見ですので、その意見に賛成ということは、ゆうかさんも、×であるとわかります。

(2) ゆうかさんの最初の発言に注目します。発言の前半は貸し借りをすることの便利さについてですが、後半では貸し借りのよくない点が述べられています。前半は□の前で述べられているので、後半の発言を使って答えを書きましょう。

(3) ひろとさんの考えなので、めぐみさんの「どんな ルールが あれば、かしかりを しても よいと おもいますか。」という質問に答えたひろとさんの発言をよく読んでから答えましょう。解答欄の□と□の間に「と」という並列の助詞があることにも注目して、二つに分けて書きましょう。

(4) 話し合いで出た意見をまとめている発言に着目する問題です。話し合いのまとめをしているのは、けんじさんです。けんじさんの発言内容に注目すると、**イ**が正しいことがわかります。**ア**は、話し合いで決まったこととは違う内容なので×です。**ウ**は、ものの貸し借りを「いつでも どんどん して よい」とまでは言っていないので×です。

2 かくにん テスト

答え

1 (1) 七 (2) 二本 (3) 四 (4) 五日
(5) 八 (6) 三・子 (7) 六 (8) 九
(9) じっ（じゅっ） (10) せんえん

2 (1) せんべい (2) 青 (3) からす (4) いす

3 (1) 虫（こん虫） (2) さかな

4 (1) こうてい・てつぼう
(2) **イ**
(3) （なかよし） こうえん・てつぼう
(4) **ア**

考え方

2 複数のものに共通する内容を見つけ、全体をまとめて言い表せるグループを考えて、仲間外れを決めていきましょう。同じグループのものを他にも挙げてみるとよいですね。
(1) もも、りんご、ぶどう、なしは「果物」のグループです。
(2) 木、火、日、金は「曜日」のグループです。
(3) 犬、ぞう、ライオン、うまは「四本足の動物」のグループです。
(4) ふえ、すず、ピアノ、たいこは「楽器」のグループです。

3 (1) すべて「虫（昆虫）」のグループです。
(2) すべて「魚」のグループです。
「答え」以外の言葉を書いても、グループの内容がわかっていれば○としてください。

4 (1) 解答欄の□の後の「に いって」「の れんしゅうを」という言葉から、二人がどこに行こうとしているのかと、何をしようとしているのかをおさえればわかります。2行目に「こうていに いこうとする」、9～11行目に「てつぼう……れんしゅうしてるの」とあります。
(2) 27行目の「（なーんだ。それでなのか……。）」が、二人が自分を置いて先に帰ってしまった本当の理由に気づいたうえで出た心の声であることをおさえましょう。30・31行目「チカちゃんも サホちゃんも、ゆずはの ことを、きらいに なって なかったのです。」から、ゆずはは、二人が自分のことをきらいになったから、先に帰ってしまったとかんちがいしていたことがわかります。
(3) 「じゃ、さきに かえっちゃったのも？」というゆずはの問いかけの後の22・23行目で、二人が先に帰った後、どこで何をしていたかが語られています。
(4) 「すっきりした」という言葉に注目しましょう。二人は「てつぼうがきらいなユズちゃんをてつぼうのれんしゅうにさそったらわるいだろう」と考えて、こっそり二人で練習をしていました。ゆずはが「チカちゃんたちと いっしょなら やってみたい」と言ったことで、もうこそこそ隠れることなく、気にせず誘っていいのだとわかって、すっきりしたのです。ゆずはは、二人に鉄棒を教えてほしいとも、鉄棒が嫌いではないとも言っていませんので、**イ**と**ウ**はまちがいです。

1 かくにん テスト

答え

1 (1) 口 (2) 足 (3) 耳 (4) 見 (5) 手 (6) 力 (7) 目 (8) 立 (9) さき (10) にんき

2 き(ゆ)うり　ま(つ)すぐ　まが(つ)た　り(よ)うり
もら(つ)て

3 かきご~~う~~り → かきごおり　がっこ~~お~~ → がっこう
せんせ~~え~~ → せんせい　と~~う~~く → とおく
きれ~~ー~~ → きれい

4 (1) すなや土ににた
(2) **ウ**
(3) 草むらやすなじ・はいけいにあわせている
(4) **イ**

考え方

2 小さく書くひらがな（拗音《ようおん》、促音《そくおん》）は、前の音とくっつけて発音します。

3 オ列の長音は、「おうじ（王子）」「ぶどう」のように、オ列のひらがなに「う」を添えて書きます。ただし、「こおり（氷）」「おおきい（大きい）」「とおり（通り）」のような例外もあります。エ列の長音は、「けいかく（計画）」「せいと（生徒）」のように、エ列のひらがなに「い」を添えて書きます。ただし、「おねえさん（お姉さん）」は例外的に「え」で表記します。

また、ひらがなでは、伸ばす音の記号「ー」は原則として使いません。「ー」が解答に使われている場合は、ひらがなに置き換えるようにしましょう。

4 (1) 「草が　生えて いない　すなじ」にすむ「バッタの　いろ」を探すと、第二段落に見つかります。7・8行目「草の　いろに　にて　います」は、「かわらの　草むら」のバッタのことを指しているので不適切です。

(2) まずは「バッタが　見つけにくい」という内容が書かれた部分を探します。すると、16行目に「見つけにくいのですが」という言葉が見つかります。直前に「バッタは、からだの　いろが　まわりの　いろに　とけこんで　いるものが　おおく」とあることから、これが見つけにくい理由であるとわかります。

(3) トノサマバッタの体の色に緑色と茶色が入り混じっているのは、体の色を背景に合わせているからです。トノサマバッタは草むらや砂地で暮らしています。だから、緑色と茶色が入り混じった体の色をしているのです。

(4) バッタの体の色は、暮らす場所と関係があることを読み取りましょう。ショウリョウバッタなどは、草むらに暮らし、体の色は草の色です。また、イボバッタなどは、砂地に暮らし、体の色は砂や土に似た色をしています。体の色を暮らす場所の背景に合わせて、見つかりにくいようにしているのです。以上のことから、**イ**が正解です。**ア**は、「ほとんどが　みどりいろを　して　いる」とあるのでまちがいです。**ウ**は、最終段落に注目すると、トノサマバッタがいちばん筋肉があるとは書かれていないのでまちがいです。

■単元一覧

- 丸数字の番号は，大問番号を表しています。
- 教科書や『Z会グレードアップ問題集』（別売り）などで復習する際は下記をご参照ください。

	第1回	第2回	第3回	第4回	第5回
算数	❶❷20までのたし算・ひき算 ❸何番目 ❹形づくり ❺❻10までのたし算とひき算	❶計算パズル(20までのたし算とひき算) ❷❸20までのたし算とひき算 ❹形でなかま分け ❺上から見た形 ❻0を含むたし算	❶❷計算パズル(20までのたし算とひき算) ❸❹異種量のたし算とひき算 ❺長さ ❻かさ ❼❽求大，求小	❶❷大きい数のたし算とひき算 ❸順序数 ❹積み木の数 ❺会話文の文章題	❶❷数の規則性 ❸地図の問題 ❹❺立体の切断 ❻長文の文章題
国語	❶漢字 ❷促音・拗音 ❸のばす音 ❹説明文（話の筋をつかむ）	❶漢字 ❷❸言葉のなかま分け ❹物語（場面をおさえる）	❶漢字 ❷丁寧語 ❸話し合い	❶漢字 ❷❸❹主語・述語 ❺は・を・へ ❻説明文（話題を読み取る）	❶漢字 ❷❸。、「」の使い方 ❹物語（気持ちを読み取る）
さきどり理科	❶植物の一生 ❷いろいろな植物・きのこ（植物の分類） ❸動物の特徴 ❹太陽と影	❶植物のからだのつくり ❷生物どうしの関わりあい(食物連鎖) ❸天気の予想 ❹日光（光の性質）			
さきどり社会	❶スーパーマーケットの仕事 ❷値札からわかること	❶昔と今 ❷農家の仕事			

Z-KAI